漫畫版

3小時讀通
統計 通往假設檢定之路

大上　丈彥◎著

淡江大學統計學系教授兼主任　吳淑妃◎審訂
許郁文◎譯

序言

統計，很難！

在撰寫本書時，筆者回想起當初自己還是統計初學者的樣子，因此盡可能避免寫到艱澀難懂的部分。書中寫的都是理所當然的內容，一定能讓讀者覺得自己很優秀，加快學習速度。統計學的學習，本來就是一條充滿荊棘的道路，所以不可能完全不提到任何困難的概念，現在以漫畫呈現，希望能幫助讀者們更了解統計學。

「就算統計很難，也要寫得淺顯易懂！」身為筆者，我就是秉持著這樣的精神，但在付梓交稿之前，的確遇到許多令人感到挫折的時刻。統計學果然不是一門簡單的學問啊。

想輕鬆地完成事情，需要知道方法，但知道方法，就真的能「輕鬆地」完成嗎？「解開魔術方塊只需要一直轉動」、「敝事務所就在附近，步行 10 分鐘可達」、「三步殺將棋的規則很簡單，就是走三步棋而已」，這些看似步驟簡單的事情，卻不如想像中簡單。

一般人認為，要找出唯一正解，是件困難的事。朝不對的方向轉動，就無法解開魔術方塊；轉錯街角，就無法到達事務所；走錯一步就無法將死將軍。統計學有如挖開堅硬岩盤、需歷經曲折才能攻入敵營的坑道戰。一旦拿錯工具、走錯路，就無法繼續向前邁進。

　　每個人對「困難」的定義不同，有些人認為「困難」等於「無聊」，有些人反而認為「有趣」。筆者一直都認為統計是一門「有趣」的學問。製成表格的資料是顆待琢磨的璞玉，只有經過細心的研磨，才能脫穎而出，成為一顆耀眼的寶石，使索然無味的統計學點石成金。

　　數學是一種「概念」，而學習「數學」，就像是告訴那些未曾見過劍玉的人，劍玉到底有多麼好玩，但「百聞不如一見」，不如直接玩給別人看，但數學的學習卻無法如此實際操作。「數學」就像是「愛情」、「友情」、「鬼怪」一樣難以得見。當然，透過字典查明「愛情」這個詞彙的意思也不失為上策，必要的話，還可以舉出許多故事來說明，可在腦海裡建構一個概念。目前還沒有可以將腦袋裡的知識直接輸入另一腦袋的技術，所以只能透過解說的方式來傳達概念。真是不方便，對吧？不過人們就是這樣來累積科學技術。因此我也希望透過本書提供的故事，告訴大家「每個人對統計學的理解」是不同的。

　　「有興趣的事情會做得特別好」，要學會一件事，第一步就是讓那件事成為興趣。或許有些人只憑著自己的情緒來決定對某些事的好惡，但有些人卻不是如此。不管是漫畫還是其他東西，都應該「嘗試過再下判斷」。本書希望各位讀者能覺得統計是門有趣的學問，更希望讀者們愛上統計。

　　本書雖仍有許多不足之處，但數學原本就是一門「說不完道不盡」的學問，所以只靠一本書來解釋這門學問，實在是一件冒險的事。數學是一種「概念」，就像為了將一個立體物畫在紙上，必須透過不同的解釋，才能「在腦裡建構立體的數學」。因此在閱讀本書時，請務必同時參考其他書籍，如果能拿教科書來參考則是最好。如果本書能讓大家喜歡統計學這門學問，或是在各位讀者的日常生活有所幫助，那就是筆者無上的榮幸。

大上丈彥

審訂序

　　「統計學很難懂」、「統學不好學」是我教授大學統計學十八年來，常聽到大學生的哀嚎和抱怨，很多學生也認為自己之所以無法吸取統計學」的精髓，是因為自己的數學基礎太差，但其實商管學院統計學的學習要求並非著重於方法的推導，而是著重於「統計方法」的實際應用，我個人認為學生們和「統計學」之所以有距離感是因為坊間大部分統計學的教材不夠「視覺化」，而此書的精彩插畫正好彌補這方面的缺憾，故此書的付梓，應可有效地幫助初學者和「統計學」拉近距離，瞭解統計，甚至不再懼怕統計。

　　在仔細拜讀此書之後，發現日本的統計觀點和台灣的差異不大，但都非常注重統計觀念的釐清，也都強調學會統計和善用統計的重要性，統計學的重要性是不分國界的，只是日本的統計學作者多會引用日本的實際案例，以示範如何將統計方法應用在日常生活中，藉由這些實例也可窺探日本的特殊文化和台灣的有什麼有趣的不同。

　　日本漫畫舉世聞名，深深影響著台灣的各行各業，甚至可經由漫畫了解政治、運動和各門學問，本書藉由生動活潑的漫畫可使初學者釐清統計學的一些基礎概念，進而增加學習和了解統計的樂趣，但是想成為精熟各種統計方法的統計達人，則無法單靠靠此書完成，仍需涉獵且熟讀大學統計學教科書，不過此書確能幫助初學者學會如何親近「統計學」，不再視學習「統計學」為畏途，所以我也會將此書推薦給我的學生和其他老師，使「統計學」的教學和學習更加活潑和有趣。

淡江大學統計學系主任 吳淑妃 教授

CONTENTS

三小時讀通統計——通往假設檢定之路

$$f(x) = \frac{1}{\sqrt{2\pi}\sigma} \times e^{-\frac{(x-\mu)^2}{2\sigma^2}}$$

常態分布

直方圖

平均數 變異數 標準差

CONTENTS

第 1 章
平均數、變異數、標準差

在討論「統計是什麼」這個哲學問題之前，不妨秉著知難行易的道理，先做做題目吧。在這個階段裡，我們不需要太計較「為何」以及「為什麼」這類問題，本書自會負起責任，說明統計背後的道理。

統計是一門處理資料的學問，為了進行統計，我們先準備下列資料。

150	151	151	147	156	154	148	146	152	154
143	143	152	152	152	151	145	154	148	151
153	147	154	150	147	152	148	149	149	152
145	148	144	150	152	153	151	154	147	151
153	148	152	151	146	151	149	153	150	148
175	168	177	176	169	168	169	160	168	173
181	174	164	167	164	176	166	166	163	178
172	172	168	168	161	167	165	163	171	173
172	168	161	170	173	173	174	173	168	170
181	175	170	172	165	176	168	176	166	165

這些資料是從一萬名演唱會觀眾裡，隨機取樣其中 100 人的身高資料。就讓我們利用這些資料來玩統計吧。

這些雜七雜八的資料，一時看不出什麼端倪。或許有人可以看出這些資料代表的意思，但那畢竟是少數，看不懂才是正常的。接下來我們要利用「直方圖」來整理這些看似雜亂無章的資料。「直方圖」就是將身高大略分類後，再進行

小計，最後利用小計資料所畫成的圖表。整理資料的第一步就是繪製直方圖，所以讓我們先來練習繪製吧。先以 10 公分為分類標準，看各分類會有多少人。

　　為了方便說明，會出現一堆統計用語，但…

不用記住也沒關係！

本書會提醒大家該背的東西，請各位讀者不用太擔心。

次數分配表＋直方圖❶

140cm以上～150cm以下	20	★★★★★ ★★★★★ ★★★★★ ★★★★★
150cm以上～160cm以下	30	★★★★★ ★★★★★ ★★★★★ ★★★★★ ★★★★★ ★★★★★
160cm以上～170cm以下	25	★★★★★ ★★★★★ ★★★★★ ★★★★★ ★★★★★
170cm以上～180cm以下	23	★★★★★ ★★★★★ ★★★★★ ★★★★★ ★★★
180cm以上～190cm以下	2	★★

　　請大家先製作上面的資料表。雖然這種資料表比原始資料的資訊來得少，但比較能看出整體狀況，也稱為「次數分配表」。根據次數分配表，可簡單繪製的圖表，稱為「直方圖」。

　　以某種尺度分割資料，稱為「分組」，而每組的中央值稱為「代表值」或「組中點」。舉例來說，140cm 以上～150cm 以下這組的組中點就是 $\dfrac{140 + 150}{2} = 145$cm。而以

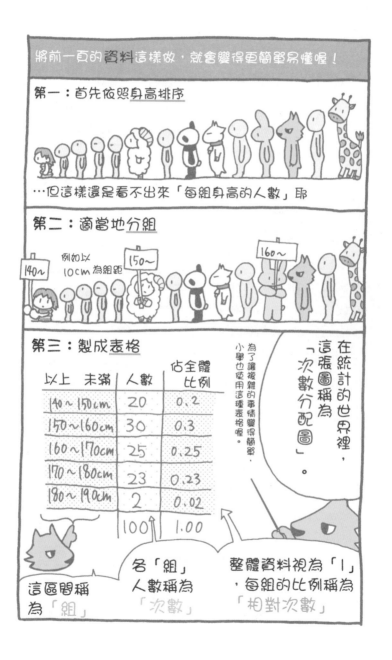

將前一頁的資料這樣做，就會變得更簡單易懂喔！

第一：首先依照身高排序

…但這樣還是看不出來「每組身高的人數」耶

第二：適當地分組

例如以10cm為組距
140~　150~　160~

第三：製成表格

以上　未滿	人數	佔全體比例
140~150cm	20	0.2
150~160cm	30	0.3
160~170cm	25	0.25
170~180cm	23	0.23
180~190cm	2	0.02
	100	1.00

為了讓複雜的事情變得簡單，小學也使用這種表格喔。

在統計的世界裡，這張圖稱為「次數分配圖」。

這區間稱為「組」

各「組」人數稱為「次數」

整體資料視為「1」，每組的比例稱為「相對次數」

10cm的分類就稱為「組距」。從直方圖裡發現，人數最多的組別為 150cm 以上，第二多則是 160cm 以上。

　　這裡雖然使用 10cm 的組距來製作，但其實組距並非一定要「10cm」，你可以合理的懷疑：「10cm 的組距是否太粗略？」。因此不妨以「6cm」的組距來製作次數分配表。

次數分配表＋直方圖❷

140cm以上～未滿 146cm	5	★★★★★
146cm以上～未滿 152cm	27	★★★★★ ★★★★★ ★★★★★ ★★★★★ ★★★★★ ★★
152cm以上～未滿 158cm	18	★★★★★ ★★★★★ ★★★★★ ★★★
158cm以上～未滿 164cm	5	★★★★★
164cm以上～未滿 170cm	20	★★★★★ ★★★★★ ★★★★★ ★★★★★
170cm以上～未滿 176cm	17	★★★★★ ★★★★★ ★★★★★ ★★
176cm以上～未滿 182cm	8	★★★★★ ★★★

　　有趣的是，即便針對同一筆資料進行統計，畫出來的直方圖（長條圖）也有可能完全不一樣。這到底是怎麼一回事呢？

　　次數分配表的功能在於將資料整理得「簡單易懂」，「雜亂無章」的次數分配表沒有存在的必要。就常識而言，「以 6cm 為組距」的次數分配表，實在是…

一點學識素養都沒有的分組方式！

　　不過，若「某間廠商以身高 6cm 為生產衣服的區間」，可利用組距 6cm 的次數分配表來檢討生產量，如此一來，這

種次數分配表就會變得更簡單易懂。可見次數分配表的「簡單與否」必須視用途而定，因此可知，次數分配表的製作重點在於：

「目標設定」

剛剛我們改以組距 6cm 製作次數分配表，繪製出與組距 10cm 不同的直方圖。觀察直方圖，發現人數較多的是 146cm 以上～152 以下與 164cm 以上～170cm 以下，這是直方圖裡出現了兩座山的緣故，我們將這種直方圖稱為「具有雙峰分布」。就統計而言，「具有雙峰分布」這項資訊十分重要（後續會再講解），而且這是單以組距 10cm 繪製直方圖時所無法得到的資訊。換句話說，

10cm 的組距過於粗糙。

但這不代表組距越小越好，我們不妨裝傻，試著將組距改成 1cm，應該會繪製出不具任何意義的次數分配表。可見「組距到底該設多少？」這個問題是沒有標準答案的。唯二能參考的標準就是，

組距必須能突顯資料特性

以及

分組的方式要簡單易懂

以這份資料而言，「5cm 的組距」恐怕是最適當的。早期進行資料分組是件麻煩事，因為所有的作業都必須人工進行，所以沒有人會希望只是「**實驗性地**」將上述資料以「組距 5cm」進行分組。

此時最需要「試算表軟體」！試算表軟體通常內建「Try & Error」的功能，能輕鬆地找出最適當的組距。試算表軟體是簡化的記錄工具，也是超強的幫手，全看你怎麼使用囉。

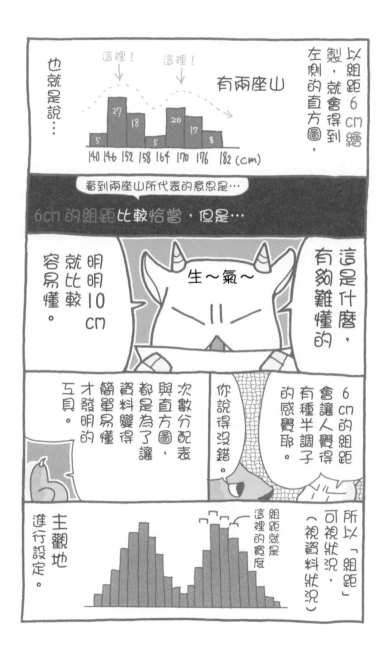

　　世界上有兩種人，一種是「非常討厭主動作判斷的人」，一種則是「實事求是，凡事講求證據的人」。這兩種人都不太容易接受「為了方便閱讀資料，最佳的組距就是 5cm」這種說法。

　　為了讓這兩種人都可以接受這樣的說法，我們可利用數學公式算出參考用的組距。例如「利用史特基公式（19 頁的方式 2）可算出參考用組距」。除了本書介紹的公式之外，另外還有許多書中未能一一介紹的公式，例如「Scott 公式」或是「Freedman-Diaconis 公式」。由於公式不只一個，可見**這世界上沒有所謂的「最佳組距」**。

　　若你實在不知道該如何設定組距，這些公式還是值得參考的。假設利用公式算出「3.8」這個值，不妨試著將組距設定為「3.8」上下的值（例如 3cm 或 4cm），可能得到比較適當的結果。以這個範例而言，利用公式算出的組距的確很適當，但不管組距如何設定，建議大家還是要相信自己的眼睛，信任自己的判斷，再做決定喔。

組距的寬度可利用數學公式計算喔！

真的嗎？快教我啊！

那真是太棒了

方式1　當資料有 n 筆時…

→ $\sqrt{n}$ 分成根號 n 組！

以這次的資料計算之後…

由於資料有 100 筆，而根號 100 = 10，所以分成 10 組最恰當。收集到的資料之中，最大的數為 181cm，最小的數為 143cm，所以將最大與最小之間的數分成 10 組之後就等於 $\left(\dfrac{181-143}{10}\right)=3.8\text{cm}$，可以 3.8cm 的組距來分組！

方式2　當資料有 n 筆時…

→ 可分成 $1+\dfrac{\log n}{\log 2}$ 組！

可分成　應為10喔

將資料計算後…

$1+\dfrac{\log 100}{\log 2}=1+\dfrac{2}{0.301029\cdots}=7.64387\cdots$ 組

$\dfrac{181-143}{7.64387\cdots}\fallingdotseq 4.9713\text{cm}$ → 組距！

分得真細！

不管是哪個結果，都不上不下的啊。

而且也很難運用

所以我才說公式算出的結果只能當參考啊！

　　「一般而言」直方圖的數值都很平均，或是呈現單峰分
布的趨勢。以螺絲這種具有標準製造的商品為例，如果生產
的是大小「10mm」的螺絲，經嚴格測量，可能會有「10.1mm」
或「9.99mm」的螺絲混在成品之中，甚至也可能發現誤差更
大的成品，但就常識而言，

**　　誤差過大的成品應該少之又少。**

這樣才是正常的。

**　　否則其中必有造成誤差的原因。**

　　例如機械故障或設定錯誤。但在實際狀況中，「不尋
常」的直方圖可是十分常見喔。

　　不妨一起觀察年齡人口分布圖。就常識判斷，人口分布
應該是相當平均。例如，以細菌的繁殖結果，是不會出現右
圖如此鋸齒狀的直方圖。

　　日本的人口分布明顯受到「第二次世界大戰（WWII）」
之後「第一次戰後嬰兒潮」以及「第二次戰後嬰兒潮」的影
響。其中還摻雜了其他因素的影響，但影響人口組成的因素
實在太複雜，無法明確釐清。像這種受到各種社會因素影響
而製成的直方圖，自然有許多令人難以理解之處。

　　但重要的是，我們得要知道，

**　　直方圖的分布不正常，表示背後一定藏著某種因素。**

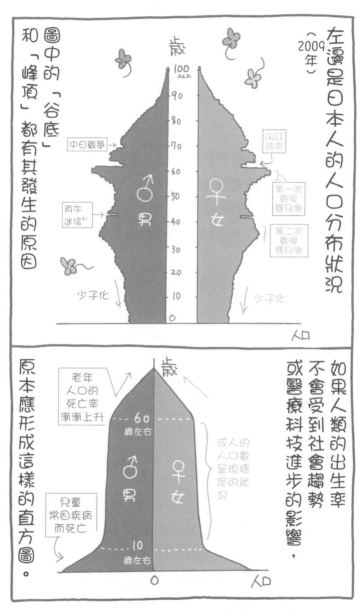

譯註：日本人認為遇到丙午年就會發生不祥之事，更認為與丙午年出生的女性結婚會招來不幸，所以丙午年女嬰的出生率就大幅下降。

造成直方圖如此「不正常」，通常背後都藏著某個原因，如果直方圖很複雜，則無法快速找出原因。在「不正常」的直方圖中，最單純的情況就是「雙峰分布」。

　　「不正常」＝「很困難」＝「很多難以了解的原因」，**但造成雙峰分布的「原因」卻很可能很簡單。**就結論而言，筆者想告訴大家的是：

・**出現平均或非單峰分布的直方圖，表示一定有原因**
・**要發掘原因，態度相當重要**
・**基本上「原因」是找不到的**
・**雙峰分布是最具代表性的（最單純的）例子**

　　身高的分布狀況具有雙峰分布，但到底是什麼原因造成的呢？讓我們從資料的分析來找答案吧。首先，看到雙峰分布就該想到「兩種截然不同的分布同時存在」，而且雙峰的高度一致，代表，

　　同時有兩組客層，且兩組人數相當。

　　要怎麼解釋這樣的狀況呢？我們可以推測：

　　這是男女混合統計的結果。

　　雙峰分布的圖，也出現在年輕情侶選擇「在演唱會約會」的情形。

　　讓我們注意 17 頁直方圖的峰部，發現峰部介於 146～152cm 以及 164～170cm 之間。對照日本厚生勞働省的資料發現，前者20～30歲的女性所佔比較低，大部分是「11～12歲男女」或「70歲以後的女性」，後者則與「男性 14～16歲」或「男性 50～60 歲」一致。原本應該將這種兩種分布狀況加以分析討論，但且先就此打住吧。因為再談下去就不是

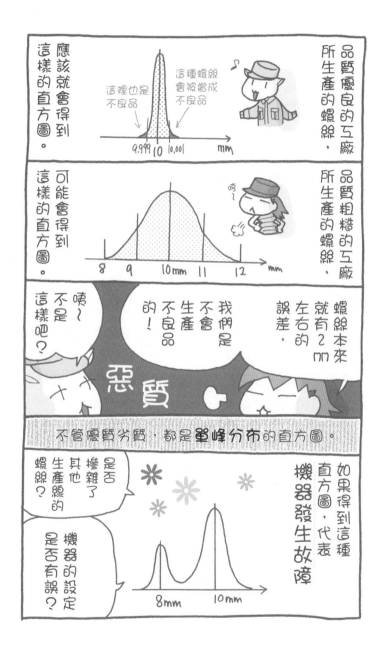

討論數學，而是與行銷有關的內容。不管討論的是數學還是行銷，都是根據「年輕情侶的約會」這個預計主題的推測，所以或多或少都會有些誤差。

從前述的理由來看，這個直方圖之所具有雙峰分布，完全是因為「混合統計了不同的客層」。其實所有事情都一樣，要將東西混在一起容易，但要將混在一起的東西分開來就困難許多，例如，要將混在一起的鹽巴以及楜椒分開來，或許可能，但絕對是一件辛苦的差事。

「將混在一起的東西分開來」是一門深奧的學問。或許你聽過「傅立葉分離」或「小波轉換」這些名詞，這些都是波形分析世界裡的魑魅魍魎，都是「很難理解」的東西。而波形分析技術就是專門處理「無論如何都會混在一起的東西」，所以可能的話，請讀者多花點心思，讓資料不要混在一起。換句話說，請大家：

在資料混在一起之前，請先分類！也就是說，在做問卷的時候就預先進行分類。

資料之所以無法進一步分析，並非統計的錯，而是**問卷設計者的問題**。舉例來說，如果這次的演唱會是「父子同樂的聖誕演唱會」，一開始就應該先將父子分開統計。如果是「孫子與爺爺奶奶同樂的演唱會」，就應該將孫子以及祖父母分開統計。如果沒有先收集各別的資料，只是一味地將全部的資料製成表格，是無法進行下一步分析的。

　　但是，如果要在現場另外準備「男性請拿這張問卷做答」，的確是件很麻煩的事，所以不妨在問卷增加一個「您是男性（Yes、No）」的題目，就能省掉不少麻煩。接著，在整理資料時，可將這項問題的結果一併輸入試算表軟體，進行統計。所謂「分析」是指「將東西分解，再進行剖析」，所以為了減少分析的步驟，以及提高結果的精確度，一開始就應該先分類資料，最差則是要將已經混在一起的資料分開。

　　雖然這只是簡單的資料分析，但各位讀者還覺得有趣嗎？收集資料的數據，屬於「原始資料」，也就是所謂的「璞玉」，只有經過直方圖等統計方法琢磨，才能搖身一變，成為「資訊」的寶石。

03 「單峰分布」的直方圖

接著，讓我們以新的例子進行接下來的討論。這個資料是 100 名年輕女性的身高。

156	157	157	161	154	159	159	158	161	160
157	158	160	164	156	155	162	157	160	154
156	157	164	159	157	153	151	162	158	164
157	156	161	156	161	163	152	162	157	157
155	163	165	156	160	160	160	161	156	157
160	163	162	152	160	158	164	152	164	157
155	159	160	159	158	157	152	158	158	160
156	152	158	153	158	159	160	158	156	157
156	160	159	163	153	160	161	152	154	157
160	156	157	163	161	151	161	152	157	159

列成表格的資料，還是讓人看不懂呢。那麼試著以 2cm 為單位，製作次數分配表以及直方圖吧。

次數分配表＋直方圖

151cm以上～未滿153cm	9	★★★★ ★★★★
153cm以上～未滿155cm	6	★★★★★ ★
155cm以上～未滿157cm	14	★★★★ ★★★★ ★★★★
157cm以上～未滿159cm	26	★★★★ ★★★★ ★★★★ ★★★★ ★★★★ ★
159cm以上～未滿161cm	22	★★★★ ★★★★ ★★★★ ★★★★ ★★
161cm以上～未滿163cm	12	★★★★ ★★★★ ★★
163cm以上～未滿165cm	10	★★★★★ ★★★★★
165cm以上～未滿167cm	1	★

●前面曾說過「可以使用試算表軟體…」

本書提過數次試算表軟體的方便性，其中最具代表性的就是「Microsoft Excel」。這套軟體內建了許多與統計有關的函數，可以「Try and Error」便捷地進行統計。

可是！！！

很遺憾的是，這套軟體有很多錯誤。有的是函數有問題，有的則是輔助說明裡出現了錯誤的結果，或是誤用例子，而且當選取範圍存在著空白儲存格，有時無法算出預料的結果。無論 Windows 版與 Mac 版的函數都有問題，而且不同的版本裡，有不同的函數問題。

這真是令人苦惱。

依據「執行過程越複雜，越是容易發生問題」的原則，越是能夠輕鬆地完成複雜計算的函數，越是我們要注意的函數。例如，Excel 裡內建了在分組與資料輸入之後，就能立刻畫出直方圖的「frequency」函數。這是一個功能強大的函數，但是日本的直方圖通常是以「a 小於等於 x 小於 b」（大於等於 a 小於 b）分組，但 frequency 這個函數卻是以「a 小於 x 小於等於 b」計算。因此一旦利用這個函數計算來本書使用的身高資料，剛好等於「b」的資料就會被歸類在錯誤的分組裡。本書計算數值的方式（所有數值都是整數）是在整體數值加 1 之後，另外製作表格，然後再利用 frequency 這個函數進行計算。

如果您對其他函數有興趣，不妨以「Excel 函數 bug」在 Google 上搜尋。不過，即便 Excel 有這些缺點，也**不代表「Excel 就完全不能用」**。因為市場上找不到功能更為強大的軟體，建議大家還是好好地熟悉這套軟體吧。

這裡決定以「2cm」為單位，是經過多次「Try and Error」過程算出來的，主要是希望可以畫出具有漂亮峰型的直方圖。如果是以人工統計，大概沒人會這麼做，可見試算表軟體真是方便。直方圖的價值就在於「能讓人一眼看出資料的特性」。

　　從這次的直方圖可以發現，資料的峰頂落在 157cm 以上～159cm 以下的分組裡，是一個具有「單峰分布」的直方圖。「咦～151cm 以上～153cm 以下，不是也有峰部嗎？」的確如此。或許有時「純屬巧合」，但「151cm 以上～153cm」的分組之所以成為峰部，應該有其背後的理由。不過由於我們手邊沒有更多的資訊，所以只能暫時妥協，將「151cm 以上～153cm」的分組**視為較小的峰部，勉強將此直方圖視為「單峰分布」**。

　　「這個直方圖到底是不是單峰分布」這個判斷相當重要，因為統計本來就是一門**針對單峰分布直方圖的學問**，所以當直方圖不具備單峰分布，就無法算出正確的結果，這等於是要從東京去紐約，結果卻搭了去巴黎的飛機。

　　如果要更嚴謹地進行統計，可使用「適合度檢定」（請參考附錄 2），以此例的資料而言，是不需要這麼大費周章的。這純粹是一種感覺，所以很難仔細的說明，但就實做而言，如此小的峰部的確是可以忽略，可以直接將此直方圖視為「單峰分布」。不過為了避免在學術研討會中受到質詢「真的具有單峰分布嗎？」，請先在私底下進行一遍適合度檢定。如此一來，即使受到質疑，也能心中暗自竊笑，覺得「對方中計了」。

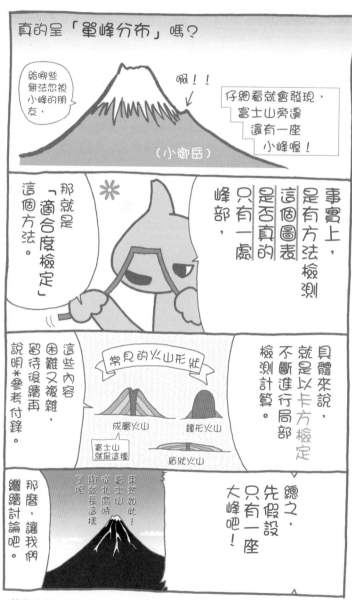

*葛飾北齋：日本江戶時期的畫家，以描繪富士山聞名。

　　將直方圖或次數分配表的數值，轉換成比例，會比較方便，這是因為在日常生活中，我們都是隨著情況在判讀數字。例如，「習慣在原宿消費的 35 名女性，其中有 14 名染髮」這個調查結果裡，「35 名中的 14 名」相當於「40%」，但若只看「14 名」這個數字一點意義也沒有。

　　大家應該會覺得，在書裡寫這種常識性的東西，實在是「**太蠢了**」。沒錯，我們的確是視情況來決定，在不自覺中就可決定是使用次數還是比例，因此若是在進行統計，還囉嗦地討論「要用次數還是比例」，實在是沒什麼意思。

　　將直方圖重新以比例的格式繪製，稱為「機率分布」，講得更正確一點，「列出所有可能性的機率」即稱為「機率分布」，而**列出所有可能性的機率**，則是一項超重要的工作。

　　你要怎麼列出可能的機率都可以，例如分別將各種機率製成表格，或是利用公式解釋機率，甚至是利用文字加以說明。以 1～6 點的骰子為例，只要骰子沒有任何問題，下列的表格即可包含所有可能的點數。

點數	1	2	3	4	5	6
機率	$\frac{1}{6}$	$\frac{1}{6}$	$\frac{1}{6}$	$\frac{1}{6}$	$\frac{1}{6}$	$\frac{1}{6}$

　　這張表格包含了所有點數可能出現的機率，所以亦可稱為「機率分布」。

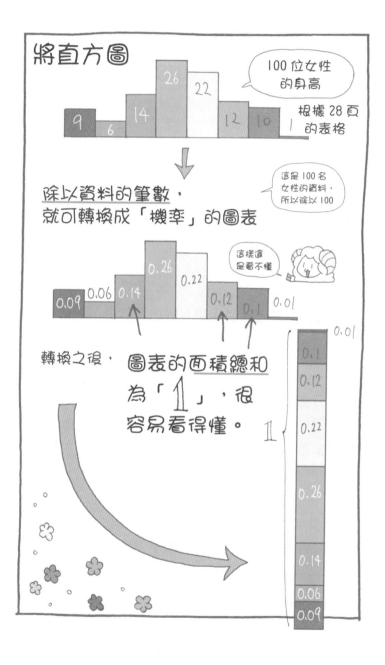

這張表格也可改寫成「當點數和為 k 且出現 k 的機率為 P_k，$P_k = \frac{1}{6}$（k = 1, 2, 3, 4, 5, 6）」，這樣的結果也可以稱為機率分布。銅板的機率分布，則可寫成「正面：$\frac{1}{2}$、背面：$\frac{1}{2}$」。此外我要問，「兩顆骰子的點數和，又會呈現何種機率分布呢？」

和	2	3	4	5	6	7	8	9	10	11	12
機率	$\frac{1}{36}$	$\frac{1}{18}$	$\frac{1}{12}$	$\frac{1}{9}$	$\frac{5}{36}$	$\frac{1}{6}$	$\frac{5}{36}$	$\frac{1}{9}$	$\frac{1}{12}$	$\frac{1}{18}$	$\frac{1}{36}$

上面這張表就是兩顆骰子點數和的機率分布。將表格改寫為公式，即可寫成如下：

當點數和為 k 且出現 k 的機率為 P_K 時，
$$P_K = \frac{6 - |7 - k|}{36} \ (k = 2, 3, \cdots, 12)$$

機率分布的前提為「**包含所有可能性**」，所以可以透過表格或公式呈現，甚至利用其他方式說明。就好像向喜歡的人告白，最重要的是讓對方了解你的想法，因此不管是用英文、中文、日文還是非語言的方式都可以。

在統計學的考試裡，常常出現「○○的機率分布為何」。為什麼考試要出這種題目呢？其實這類題目的主旨在詢問考生知不知道何謂「機率分布」，並另外測試考生是否知道所謂「互斥」的概念。

要判斷機率分布是否正確，可直接以「是否包含所有可能性的機率」此條件來驗證，說得簡單一點，就是驗證「表

可以寫成 $P(k=⊘)=$ ▨ 的公式。

這裡的 P 就是 Probability（機率、或然率）的 p。

經過翻譯之後

意思就是「$k=⊘$ 的機率為 ▨」。

以「丟骰子」為例

在機率的世界裡，這就稱為「試行」。

開心

咕嚕咕嚕

正常的骰子出現 1 點的機率為 $1/6$。換句話說，

「骰子出現 1 點的機率為 $1/6$」

機率

可改寫成 $P(k=1)=\dfrac{1}{6}$

格裡所有的機率總和是否為 1」。但若因此草率地以總和是否為 1 來判斷，有時候還是會出錯。讓我們透過下列的例子來說明。

「小學男女生以及高中男女生，分別各有一人，共有 4 人，從中隨機選一人，是小學生或者是女生的機率為何？」

答案很簡單，就是 $\frac{3}{4}$。可是如果就這樣把答案製成下列表格，會發生什麼事？

是小學生的機率	$\frac{1}{2}$
是女生的機率	$\frac{1}{2}$
是小學生或女生的機率	$\frac{3}{4}$

表格裡所有的機率加起來超過 1。由於「是小學生或女生」的可能性，同時出現在兩種機率的分類中，所以機率的總和不等於 1。此時「小學生」與「女生」兩個條件「互斥」，在條件互斥時，就無法算出正確的機率分布。反之，若要判斷條件是否互斥，可以先計算各種條件的機率，看機率的總和是否為 1。讓我們以上面的例子來說明：

$$\text{「是小學生的機率」} \frac{1}{2} + \text{「是女生的機率」} \frac{1}{2}$$
$$\neq \text{「是小學生或女生的機率」} \frac{3}{4}$$

因此我們可說「上述三項條件彼此不互斥」。進行統計時，常不自覺地訂出彼此不互斥的條件，也就是因為是不自

覺中訂出的條件，所以沒辦法算出正確的統計結果，甚至找不出問題的徵結。請大家千萬要小心，別陷入自己挖的陷阱喔。

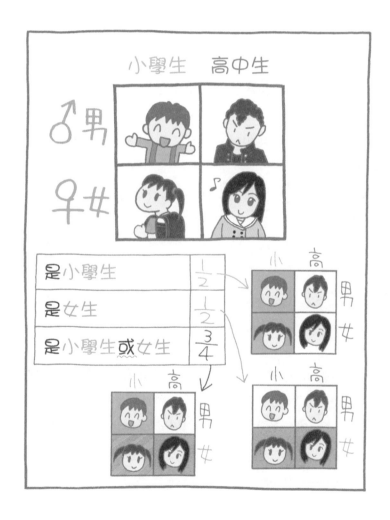

05 等公車的時間分布

機率分布通常會使用表格，但有時候無法將所有可能的機率列成表格，也就是有關「無限」的情況。什麼叫做「無限的情況」呢？下面就是一個不錯的例子。

「骰子第 k 次才會丟出 1 點的機率分布」

如果將此機率分布寫成表格，恐怕怎麼寫也寫不完。

第 k 次	第 1 次	第 2 次	第 3 次	⋯
機率	$\frac{1}{6}$	$(\frac{5}{6})^1 \cdot \frac{1}{6}$	$(\frac{5}{6})^2 \cdot \frac{1}{6}$	⋯

在此表格中，使用「⋯」來代表後面的機率，但通常會寫成公式「機率分布為 $P_k = (\frac{1}{6}) \cdot (\frac{5}{6})^{k-1}$」。有一種可一直細分下去的無限情況，就是所謂的「連續型的機率分布」。什麼叫作「連續型」呢？讓我們利用下面「公車的等候時間」來說明。

「公車每隔 10 分鐘來一班，請計算等公車時間的機率分布」

在算這個題目之前，先讓我們解決下列的問題：「當公車每 10 分鐘來一班，等公車時間少於五分鐘的機率為何？」

感覺上，這題的答案好像是「$\frac{1}{2}$ 的機率」。請從簡單的例子開始訓練自己的思考模式。讓我們寫得更仔細一點。

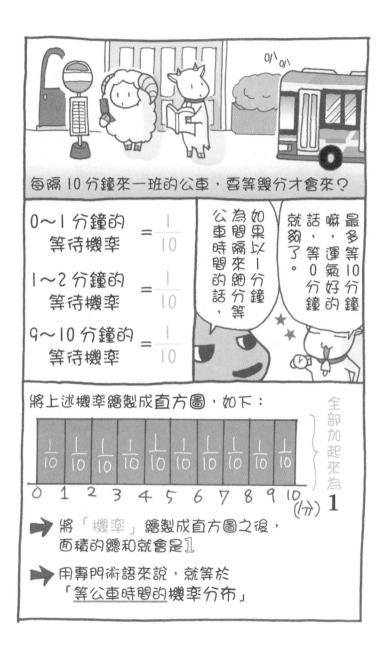

每隔 10 分鐘來一班的公車，要等幾分才會來？

$$0\sim1\text{分鐘的}\\\text{等待機率} = \frac{1}{10}$$

$$1\sim2\text{分鐘的}\\\text{等待機率} = \frac{1}{10}$$

$$9\sim10\text{分鐘的}\\\text{等待機率} = \frac{1}{10}$$

最多等 10 分鐘就夠了。

運氣好的話，等 0 分鐘嘛，

如果以 1 分鐘為間隔來細分等公車時間的話，

將上述機率繪製成直方圖，如下：

全部加起來為 **1**

$$\frac{1}{10}\ \frac{1}{10}\ \frac{1}{10}\ \frac{1}{10}\ \frac{1}{10}\ \frac{1}{10}\ \frac{1}{10}\ \frac{1}{10}\ \frac{1}{10}\ \frac{1}{10}$$

0　1　2　3　4　5　6　7　8　9　10 (分)

➡ 將「機率」繪製成直方圖之後，面積的總和就會是 1

➡ 用專門術語來說，就等於「等公車時間的機率分布」

由於時間具有連續性，所以我們絕對無法將等公車的時間細分成「機率分布的表格」。接著請注意看題目裡的「低於五分鐘」部分。

「如果剛好五分鐘」這個問題是不成立的。雖然有點鑽牛角尖，但「剛剛好五分鐘＝5分00秒000…」，這個機率幾乎等於「0」，但是可能性還是有，而且4分鐘59秒999…的機率也不會是「0」。「是零？」還是「逼近於零？」要是開始煩惱這些問題，**整個晚上大概都不用睡了**。

雖然我們現在討論的是有關「無限」的困難之處，請大家將題目繪製成圖表，就能解決這個問題。

首先，將候車的時間切割成五個區間，分別是 0～2 分鐘、2～4 分鐘、4～6 分鐘、8～10 分鐘。因此當乘客隨機地走到公車站牌候車，由於五個區間的機率分別為 $\frac{1}{5}$。如果是「候車時間大於等於 2 分鐘的機率為？」，代表只要乘客不在「0～2 分鐘」的候車區間走到公車站，都符合題意，所以答案為 $\frac{8}{10}$。如果將題目換成「候車時間大於等於 6 分鐘小於 8 分鐘的機率為？」答案是 $\frac{1}{5}$。以面積來代表比例，重點在於「面積的總和必須為 1」，而面積的高度則設定為「$\frac{1}{10}$」比較恰當。

在此以 2 分鐘為區間切割時間，若以 1 分鐘來切割也可以。不管是切割成 20 等分還是 100 等分，理論上無論如何切割都沒關係。現在請大家試著將時間切割成 20 等分（以 30 秒為區間）。「候車時間介於 2 分鐘～3 分 30 秒的機率為

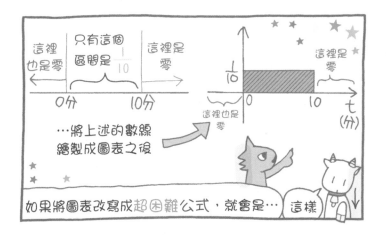

何？」此時候車時間跨越三個 $\frac{1}{20}$ 區間，所以機率為「$\frac{3}{20}$」。不管怎麼切割，區間的高度最好設定為 $\frac{1}{10}$。候車時間當然不會是負數或超過 10 分鐘，所以這兩種情況的機率皆為「0」。若以時間為「t」的函數，則可寫出下列的公式：

$$f(t) = \begin{cases} 0 & : t < 0,\ 10\ (分) < t \\ \dfrac{1}{10} & : 0 \leqq t \leqq 10\ (分) \end{cases}$$

這個函數代表「候車時間為 a 分到 b 分的機率」，即「這個函數 f (t) 與 t = a, t = b 以及 t 軸圍起來的面積」，亦即「10 分鐘一班公車，候車時間的機率分布」。

類比的世界無法完整表達「機率分布表」，所以只好利用 f (t) 種繪製圖表的方式來說明。以圖表的面積來代表機率，的確是**難得的創意**。若面積沒有固定的形狀，必須透過艱深的積分來計算，對類比量訂立機率理論。由於這類函數「以面積代表機率」，所以又稱為「**機率密度函數**」。

　　讓我們來把「機率密度函數」解釋得清楚一點。「機率密度函數」是六個字的名詞，卻令很多人聞風而逃，但其實沒那麼可怕，這種函數的意思就是「面積等於機率」而已。

　　什麼叫作「密度」呢？以「人口密度」來說，「人口密度×面積＝人口」，同理可證，機率密度的意思為「機率密度×面積＝機率」。當我們將「機率密度函數」繪製成圖表，「高度」就是機率密度，「圖表的面積等於是機率」。聽起來有些複雜，但只要大家仔～細想想，相信很快就會明白。

　　為什麼我們對於機率分布／機率密度函數要如此詳細解釋？因為這兩者就是「賭博的本質」。不管誰告訴我們「頭獎有 30 個人」或是「這裡是常開出頭獎的樂透行喔」，抑或「會有很多公車來喔」，這些事情**一點都不重要**！

　　重要的是「到底機率有多少」、「會有很多公車來，那到底什麼時候會來？」也就是說，重點在於機率分布。只有機率分布才是賭博的真面目。

　　身為讀者，希望你也不要被騙了！「頭獎常出現」，「常出現」不代表「很容易中獎（＝機率很高）」。如果有人告訴你：「這裡是常開出頭獎的樂透行」，你就應該將這句話解釋成：「這裡是**賣出很多樂透彩券**的樂透行」，這樣才是統計人應有的態度。

接著再進一步地調查，就會發現：
・資料的<u>數量</u>增加了｜這些狀況都
・組距<u>變小了</u>　　　｜可能會發生

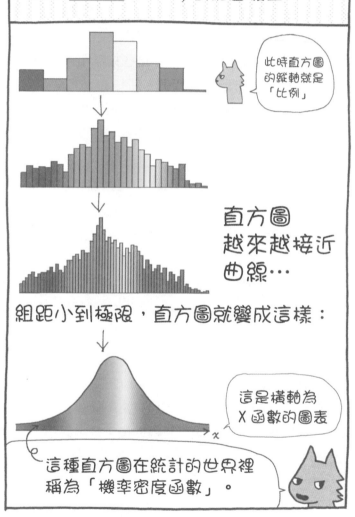

此時直方圖
的縱軸就是
「比例」

直方圖
越來越接近
曲線…

組距小到極限，直方圖就變成這樣：

這是橫軸為
X 函數的圖表

這種直方圖在統計的世界裡
稱為「機率密度函數」。

　　若直方圖呈現「單峰分布」，下列三項統計學的指標就變得十分重要，分別為「平均數」、「變異數」與「標準差」。筆者在前面已經多次提過「單峰分布」的重要性，所以當直方圖不具有「單峰分布」，這些指標**不僅無法發揮原有的功能，甚至還可能誤導我們**，所以在進行分析之前，「繪製直方圖，並判斷是否具有單峰分布」絕不可馬虎。

　　本書將不斷地提醒大家「單峰分布」的重要性，還請大家**多多包容。**

　　接下來，首先要談的是平均數，大家應該都很熟悉這個部分。若要調查 100 個人的身高，只要將所有資料加總後再除以 100，就能算出「每人平均身高」，也就是「平均身高」。

　　接著要談變異數以及標準差——筆者總算用了具有統計味道的用語了耶！這兩個指標都可代表資料的「離散程度」，也就是直方圖中，

峰部的斜率

　　這兩個指標都可根據資料得出，如果以試算表軟體計算，可以直接利用函數求得，不過在使用軟體計算之前，建議大家先徹底地了解變異數以及標準差，這兩個指標的計算方法請參考第 46 頁的說明。

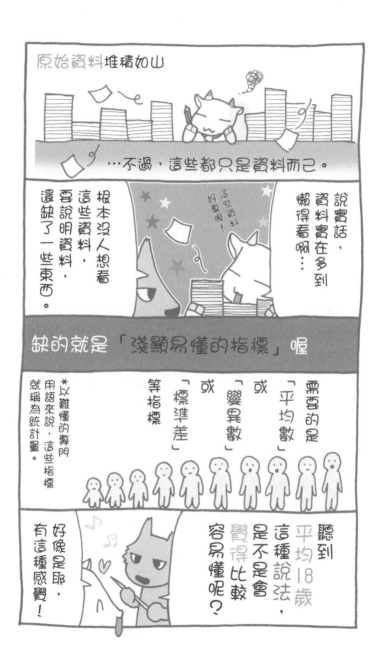

(1)第一步先求資料的平均數，並且將平均數視為 μ。

(2)第二步將所有資料與 μ 的差乘以二次方，然後再加總。

(3)接著將總和的值除以資料筆數，就可算出變異數，變異數的平方根就是標準差。

透過這三個步驟，可分段求得變異數和標準差。

但是相信你乍聽這兩個名詞，並不知道到底代表什麼意思。沒關係，先知道怎麼計算，接下來筆者會好好地介紹一番。

08 變異數的概念

接下來要介紹變異數和標準差，兩者的關係為：

標準差＝$\sqrt{變異數}$

我們要先從變異數講起。對變異數是否真正理解，可判斷一個人是否懂統計。變異數是「代表資料分散程度」的統計用語。由於變異數並不是一個很常聽到的名詞，也不是太容易理解的概念，所以就讓我們先舉個例子，讓你比較能想像變異數的概念。請看右頁的資料。

資料❶與資料❷的平均數都是 70。將資料製作成次數分配表，可發現資料❷的分布比較凌亂。如果利用上面介紹的三個步驟計算，就會發現，資料❶的變異數為 22.8，資料❷的變異數為 212.6，由於資料❷的變異數遠大於資料❶，可見「資料❷的分布比較凌亂」。

接下來是比較極端的例子，讓我們來看看資料❸的情形。資料❸的平均數也是 70，但變異數居然高達 900，比資料❷還要更高，但是你認為「資料❸的資料最為分散嗎？」

如果只看變異數的高低，資料❸的確遠比資料❷來得「更加分散」，但其實我們並不知道該如何替資料❸下結論因為資料❸呈雙峰分布，用雙峰分布的資料來計算變異數，就會得到這種結果。

資料❶

67	69	73	69	65	67
71	64	62	74	73	65
71	74	66	71	72	75
60	67	75	72	68	73
71	70	70	68	72	86

資料❷

55	74	99	60	76	64
53	55	46	73	67	74
61	76	59	83	77	52
90	94	82	72	56	65
60	83	100	54	55	85

資料❸

100	100	100	40	40	40
100	100	100	40	40	40
100	100	100	40	40	40
100	100	100	40	40	40
100	100	100	40	40	40

　　聽到「變異數高低不一定代表資料分散程度」的這句話，或許大家會覺得很不可思議，但聽完說明之後，應該就知道原因。到餐廳明明點的是蛋糕，結果端來拉麵，相信大家都會抱怨「這跟我點的不一樣啊！」。這是因為「蛋糕」這個名詞所代表的不是「拉麵」。

　　換成是「天婦羅」這個名詞又如何？「天婦羅」所代表的是一種「料理方式」，不管是蝦子還是花枝，只要外面裹一層麵衣再油炸，都叫作天婦羅，所以冰淇淋也可以做成天婦羅。現實生活裡存在著一種「常識範圍」，一旦你發現端來的天婦羅是橡皮筋或魚骨做成的，大概沒有人會不生氣。只是，橡皮筋做成的天婦羅，也只能以「天婦羅」這個名詞來稱呼。

　　一般聽到「平均數」，就會聯想成「大概是中間的值」，但是在統計學的範疇裡，**平均數或變異數這類的名詞都只是「計算方式」的名稱**。換句話說，如果不採用正確的材料，就無法算出正確的值。一般我們所認為的平均數或變異數，都必須在左右對稱且單峰分布才會成立，但資料的分布方式絕對不會只有這一種。平均數或變異數的確可以以公式機械性地算出，這樣的計算方式沒什麼不好。真正不好的是，我們將日常對平均數或變異數的誤解，當成是統計用語定義的平均數或變異數。

　　請容筆者再贅述一次，所謂「平均數」或「變異數」都只是一種「計算方式」的名稱。不管是什麼資料，都可以算

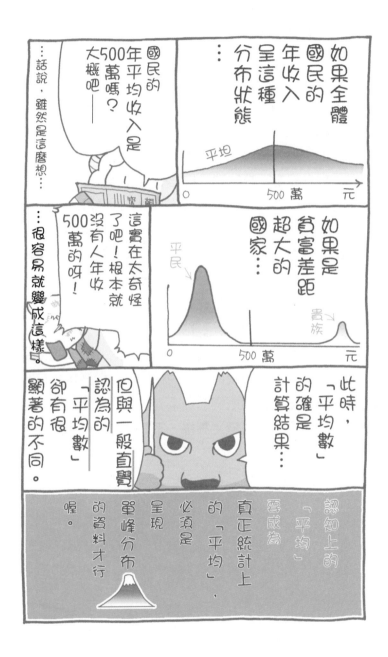

如果全體國民的年收入呈這種分布狀態…

…話說，雖然是這麼想…

國民的年平均收入是500萬嗎？大概吧──

平坦

0　　　500萬　　　元

…很容易就變成這樣。

如果是貧富差距超大的國家…

這實在太奇怪了吧！根本就沒有人年收500萬的呀！

平民

貴族

0　　　500萬　　　元

此時，「平均數」的確是計算結果…

但與一般直覺認為的「平均數」卻有很顯著的不同。

認知上的「平均」要成為真正統計上的「平均」，必須是呈現單峰分布的資料才行喔。

49

出平均數與變異數，但算出的平均數或變異數是否具有意義，則全憑**資料本身的內容**而定。

上述這種情況其實常出現在統計學中（這種情況出現時，本書都會再次提醒讀者），所以千萬不要忽視「食材」，而是要仔細檢查「食材」的內容。

其實像這類的錯誤分析十分常見，有些是真的不小心算錯，有些卻是**故意算錯**，所以別輕易相信任何統計結果，至少本書的讀者**絕對不能吃到橡皮筋做的天婦羅**。

不管是自己進行統計，或是使用別人的統計結果，都應該透過直方圖的分布情況來檢查平均數或變異數的正確性，**尤其要觀察直方圖是否「左右對稱」，或者是否為「單峰分布」**。如果沒辦法如此仔細地檢驗，至少不要將統計結果的平均數以及變異數，不分青紅皂白地當成是一般認知的平均數與變異數。由於「標準差」也是根據變異數來求得，所以若直方圖不具備單峰性質，就會得到詭異的「標準差」。

講得更深入一點，我們所學的統計學**只能應用在具有單峰性質的直方圖**。雖然這個前提筆者已經提醒過很多遍，但實在是非常重要，必須**時時警惕，不可遺忘**，所以還請大家原諒我的囉嗦吧。

可是、可是，有些考試的結果就是會這樣哪。

嗯，這種情況常發生在困難的數學考試。

考不好的族群，平均為30分左右

考得好的族群，平均為80分左右

此時只要套用公式，就能輕鬆算出「平均數」和「變異數」，

還可以算出模擬考的標準準差。

但是這些，其實都是毫無意義的數字！

平均＝ 全體分數加總 / 人數

變異數＝ {（各別分數）－（平均）}² / 人數

標準差＝變異數的平方根

因此模擬考結果沒辦法畫成圖表公布，只是在機械性的進行計算。

意思就是無論計算結果是什麼，都不能成為任何根據。

什麼叫作毫無意義呢？

　　雖然變異數代表資料的「分散程度」，但就如前所述，變異數是否真能代表「分散程度」，全憑**資料本身**。簡單說就是「必須是能畫成單峰分布直方圖的資料」，但為了培養「判斷資料優劣」的眼光，我們還是得了解變異數的計算方法，所以不得不把公式死背下來。就讓我們利用下面的例子來說明吧。

　　例）某個班級進行了國語以及數學的考試。國語有 30 人接受測驗，數學則有 25 人進行測驗。

《國語》

81	78	75	57	57	87
66	78	78	66	69	72
63	51	48	63	72	90
69	48	84	87	75	87
57	48	54	69	91	81

《數學》

82	86	82	78	80
82	80	80	86	80
78	74	76	82	74
78	84	82	80	80
84	82	74	86	70

　　不管是什麼例子，只是列成表格還是看不懂，所以我們還是必須先依照步驟，將這些資料繪製成直方圖，看看結果是不是左右對稱，以及是否具有單峰性質。唯有這樣，計算出來的平均數以及變異數才有意義。

《國語與數學的次數分配》

得分	30分以上	35分以下	35〜40	40〜45	45〜50	50〜55	55〜60	60〜65	65〜70	70〜75	75〜80	80〜85	85〜90	90〜95	95〜100
國語	0	0	0	3	2	3	2	5	2	5	3	3	2	0	
數學	0	0	0	0	0	0	0	0	0	0	0	14	3	0	0

當我們在學習平均數或變異數時，可從「觀察直方圖」這個步驟開始。因為如果只是要看「國語與數學成績的分散程度」，峰部斜率較低的（即國語的峰部），就代表「分散程度較大」的意思。

不過為了進一步了解，我們必須先算出「分散程度」的實際數字，因此，在計算之前，得先決定分散的「中心點」。通常我們認為直方圖裡的資料是呈「分散」的情況時，

都已經直覺認為，峰頂就是資料的「中心點」

而為了算出「分散程度」的實際數字，我們不能再「直覺地將峰頂當成中心點」，而是得客觀地算出，可被眾人認可的「中心點」。

因此，要將何處設定為「中心點」呢？不妨先算算看「平均數」吧。就數學理論而言，「平均數的確可被當成資料的中心點」，但如果走火入魔，就很可能陷入

見樹不見林

的陷阱裡，所以老實說，筆者建議大家別將平均數當成資料中心點。請各位讀者們仔細想想，只有單峰分布的直方圖，峰頂的資料才會逼近於「平均數」，所以才能將這種直方圖的平均數當成基準使用。所以當「平均數不具任何意義時（＝直方圖並非左右對稱的分布狀況），代表平均數不能當做基準使用，也就代表

變異數沒有任何意義

這樣的連鎖反應是理所當然的，想必大家已經聽到耳朵都長繭了，但筆者還是想提醒大家，這樣算出來的平均數以及變異數，不過只是一種「計算結果」而已。

日本大學考試相關的「偏差值」，就是根據變異數而計

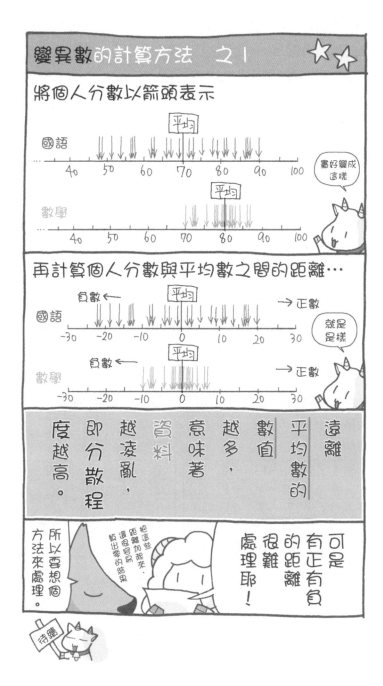

算，所以若變異數的信賴度極低，算出來的偏差值也就沒有任何公信力可言。一般而言，當學生拿到上頭寫著偏差值的成績單，是否檢查過成績的直方圖？一般而言是不會檢查的。或許有人會因為根據那些不可信的資料，而決定了以後人生的道路。若當時真是如此，可說是上了一個大當，想來真是令人覺得害怕。

如果讀者們現在還是學生，建議大家在參考類似的統計數字之前，「先確認資料的分布是否正常（是否具有單峰性質）。大部分的學校都不會公佈如此細節的資料，所以必須自己從考試內容推論「考試結果是否具有單峰性質」。如果考卷裡同時出現了難易度差距極大的題目，或是一大堆「只要理解原理就能解開的題目」，就必須認為考試可能會出現雙峰分布的結果，而我們當然就不能輕易地相信，根據這種考試結果所計算出來的變異變。

前面的國語測驗以及數學測驗的平均數，分別為 70 分以及 80 分。讓我們試著將所有分數「與平均數之間的差距」列成表格如下。

《國語》

11	8	5	−13	−13	17
−4	8	8	−4	−1	2
−7	−19	−22	−7	2	20
−1	−22	14	17	5	17
−13	−22	−16	−1	20	11

《數學》

2	6	2	−2	0
2	0	0	6	0
−2	−6	−4	2	−6
−2	4	2	0	0
4	2	−6	6	−10

將這些數字列成表格，就可以直接從表格裡讀出「國語的分數比較分散」的情況。接著只要注意如何使用這些數字即可。但我們也不能只是加總這些數字，因為這只會使正數與負數互相抵消。為了避免這個問題，我們先讓所有數字乘

繼續。

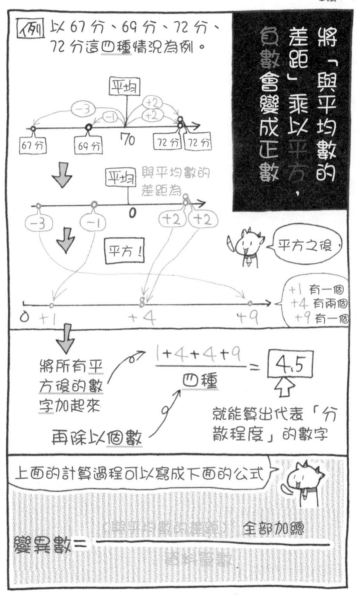

以平方，讓所有數字都轉變成正數，再將**這些平方之後的數字全部加總**起來。

《國語》

121	64	25	169	169	289
16	64	64	16	1	4
49	361	484	49	4	400
1	484	196	289	25	289
169	484	256	1	400	121

《數學》

4	36	4	4	0
4	0	0	36	0
4	36	16	4	36
4	16	4	0	0
16	4	36	36	100

這種「與平均數的差距乘以平方，再除以資料筆數」，結果稱為「**變異數**」。其實判斷資料分散程度的方法不只變異數一種，例如與平均數差距的絕對值加總之後，會得到「絕對偏差」，也是一種判斷資料分布狀況的指標。但在統計之中，

絕大多數使用變異數來判斷資料的分布狀況。

這是因為「比較容易使用的指標，被賦予了『變異數』這個名稱」。所謂「比較容易使用」指的是與其他指標（例如絕對偏差）比較之下，變異數**有利於數學上的計算**。本書不打算過於深入地解釋，請大家暫且將「變異數當成是判斷資料分布程度的指標」即可。如果要用一句話解釋「變異數」，應是「與平均數差距平方相加，再除以資料筆數」，但這樣一句話，很難讓人理解什麼是變異數。筆者建議大家，最好能按部就班地理解變異數，以免臨時抱佛腳。筆者希望大家能將變異數簡單視為：

與平均數差距有多少的指標。

變異數（第一次結論）

$$變異數 = \frac{（與平均數差距）^2 的總和}{資料筆數}$$

　　「變異數」是一種不容易懂的概念，所以筆者會透過三篇來說明，這一篇是第二種方法。如果前面的第一種方法已經足以讓您理解何謂變異數，那您就不需要再讀這一篇。

　　當資料相當分散，要如何建立大數值的指標呢？讓我們試著以圖形來說明「將距離平均數的差平方，再將平方後的數值加總，同時算出加總數值的平均數」這個概念。所謂「與平均數距離的平方值」可視為以「與平均數差距」為邊長的正方形。若以邊長為「與平均數差距」的正方形色紙來代表每一筆資料，資料越是分散，正方形色紙的面積也就越大。如果將這些面積的總和除以資料筆數，就能得到每一筆資料的平均面積，而這個平均面積就是「變異數」。

　　此時，正方形色紙的邊長就是「標準差」，這部分的說明用漫畫來解釋比較方便，請看右頁。

變異數（第二次結論）
・以邊長為「與平均數差距」的正方形色紙，對應每筆資料。
・正方形色紙的面積的平均數，即為「變異數」
・「正方形」的邊長就是「標準差」。

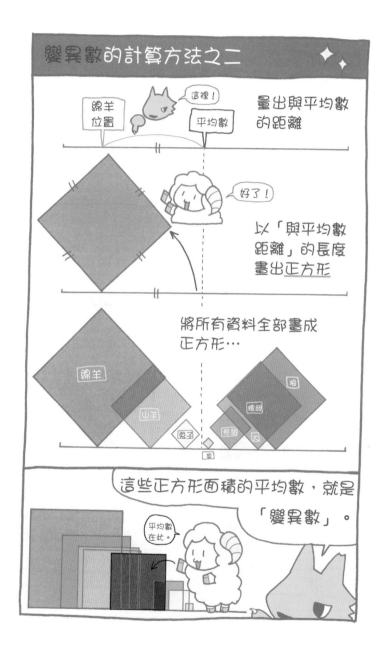

12 變異數的計算方法❸

　　接下來要介紹的是第三種有關變異數的計算方式，若你到目前為止都能看懂，就不需要浪費時間閱讀此篇內容。

　　在此篇中，為了更簡單說明計算方式，筆者將直方圖的中心點看成接近零的位置。「將所有資料依序加總後，再除以資料筆數」會算出什麼答案？答案就是「平均數」。

　　上述的內容，還可以改寫成「將一次方的資料加總後，再以資料筆數除之，即可算出『平均數』」。這種「〇次方的資料的總和，除以資料筆數」的計算方式，是統計裡常見的分析方法，而透過這個方式所計算的結果，則各有名稱，例如：

一次方資料的總和，除以資料筆數為「平均數」
二次方資料的總和，除以資料筆數為「變異數」
三次方資料的總和，除以資料筆數為「偏度」
四次方資料的總和，除以資料筆數為「峰度」

　　五次方以上，使用較少。

　　由於直方圖的中心點，位置視為逼近於零，所以一次方資料的總和，就代表「正數與負數兩者的平衡」。

　　那麼二次方的變異數又如何呢？由於是把除了零的數字（無論正負）加總起來，所以資料越往零集中，變異數就越小，距離零較遠的資料越多，變異數就越大。

令人好奇的是，三次方資料，計算出的「偏度」是什麼？由於三次方的資料，仍保有原本的正負符號，所以算出來的結果，基本上與一次方的資料（平均數）一樣，都代表「正數與負數兩者的平衡」。不過由於是三次方的資料，會發生「距離零較近的資料，影響力較低；而距離零點較遠的資料，影響力較高」。從直方圖的外觀而言，可用來判斷「直方圖是否左右對稱」，所以將這個指標命名為「偏度」。

試想，所謂「平均數」代表的是「左右兩側的平衡」，但即便是平均數為零，卻「左右不平衡」的直方圖，這樣的例子也很常見。但是一旦將資料作三次方（偏度），就很難畫出「左右不平衡但平均數為零」的直方圖。當然硬要畫，也不是畫不出來，但一般通常都不會這麼做。

最後要介紹四次方的「峰度」。變異數是資料作二次方的計算結果，而「峰度」則是作四次方，換言之，就是資料變得極為分散的概念。「峰度」主要是用來反映分散曲線的尖低程度，但基本上，如果看得出分散曲線的高低變化，代表資料已經相當分散，所以「峰度」這個指標不太具有實用性。

一時起勁，不小心連三次方與四次方也一併介紹，但請大家記得，變異數是**二次方的計算結果**。為了簡化上述的計算，才將「峰部的中央位置設定在零」附近，但實際上，「將資料做這樣的調整」＝「標準化」，而這樣標準化的作業是必要的。為了簡化說明，本書一開始，是將直方圖的中心點假設在逼近零的位置，但其實這只需要根據資料與平均數的差距來移動資料即可。算出每筆資料與平均數的差距，再讓所有差距分別求二次方，並算出總和，就能算出變異數；而三次方的總和，則可得到偏度。

> **變異數（第三次結論）**
> ・將每一筆資料，移動至零附近，稱為「標準化」（暫定）。
> ・變異數的標準化，就是從各筆資料裡減去平均。
> ・將所有數字資料平方，並算出總和，再除以計算結果的個數（也就是除以資料筆數），就可算出變異數，這個指標就是代表資料分散程度。

*峰度的定義分成兩種，一種是將常態分布的峰度設定為「0」，另一種則是設定為「3」。當常態分布的峰度設定為「0」，只要將設定減掉「3」即可。此時「與常態分布相較之下，資料的曲線高低變化程度」將反映於峰度的正負情況。

$$平均數 = \frac{1}{n}(\chi_1 + \chi_2 + \chi_3 + \cdots + \chi_n)$$

$$變異數 = \frac{1}{n}(\chi_1^2 + \chi_2^2 + \chi_3^2 + \cdots + \chi_n^2)$$

$$偏度 = \frac{1}{n}(\chi_1^3 + \chi_2^3 + \chi_3^3 + \cdots + \chi_n^3)$$

$$峰度 = \frac{1}{n}(\chi_1^4 + \chi_2^4 + \chi_3^4 + \cdots + \chi_n^4)$$

四種計算

可得不同指標

接下來要向大家介紹標準差。前面已經說過，標準差與變異數之間的關係是：

標準差＝變異數的平方根

如果已經算出變異數，要求得標準差就很簡單。標準差是一種「計算資料偏離程度的度量衡」，至於標準差為什麼擁有這樣的特性，到常態分布（第 2 章）再來說明，在此請大家先記住標準差的定義，先學會怎麼使用這個指標。就讓我們沿用前面的國語與數學測驗，來加以說明。

《國語》

81	78	75	57	57	87
66	78	78	66	69	72
63	51	48	63	72	90
69	48	84	87	75	87
57	48	54	69	90	81

《數學》

82	86	82	78	80
82	80	80	86	80
78	74	76	82	74
78	84	82	80	80
84	82	74	86	70

由這些資料，可求得平均數、變異數、標準差，分別列在下面的表格裡。

	國語	數學
平均數	70	80
變異數	168.8	16
標準差	12.99	4

由於某位轉學生接受了相同的國語以及數學測驗，而兩科的成績都是 90 分。所以我們該如何評量這位轉學生的成績呢？

　　由於全班國語平均分數是 70 分，數學的平均分數是 80
分，所以這位轉學生兩科都考了 90 分，換算成與平均分數的
差距，分別是「國語＋20」、「數學＋10」。就數字來看，
似乎「國語 90 分，比數學 90 分還厲害」。

　　不過請大家重新檢視原始資料。國語的分數呈現較分散
的狀態，也就是可以導出「高分與低分的差距較大」這個結
論。換句話說，我們可將「國語 90 分」看成是只要運氣稍微
好一點，「就能考到的分數」。

　　另一方面，數學的成績都集中在 70 分～86 分之間，這
樣的資訊很難幫助我們判斷這次數學考試的難度，但或許可
以把這次的數學考試看成是「五題之中有四題很簡單，有一
題十分困難」，就是因為如此，數學考試的分數才會如此集
中，這代表「數學 90 分」應該被視為：

出類拔萃的分數

　　換句話說，國語 90 分沒什麼了不起，但數學 90 分卻是
「一般學生考不到的分數」，這與直接根據與平均數的差距
來判斷的結果，完全相反。讓我們把這兩科成績的差異命名
成「厲害度」吧。也就是說，國語的 90 分與數學的 90 分，
在本質上擁有不同的「厲害度」。

　　為什麼同樣是 90 分，卻擁有不同的「厲害度」，這是因
為我們是從分數的分散程度來評量成績。因此，我們該如何
具體地從分散程度觀點，來評量得分呢？

必須用到標準差

　　要從分散程度來評量得分，使用的不是變異數，而是標
準差這個指標。使用變異數，是無法對分數進行評量的。這
完全是數學上的理由，大家不用過於深究。只要知道利用下
列的方式，就可算出標準差，就能算出「厲害度」。

用標準差除以與平均數差距

就可以算出「厲害度」，讓我們實際來練習吧。

與平均數的差：國語＝＋20、數學＝＋10

除以標準差，國語＝$\dfrac{+20}{12.99}$＝＋1.54

數學＝$\dfrac{+10}{4}$＝＋2.5

可求得國語的厲害度為＋1.54，而數學的厲害度則是＋2.5。「厲害度」是本書虛構的詞，可千萬別用在學術中。

有時，我們會取標準差「Standard Deviation」的第一個英文字母「SD」，來說明「國語成績為＋1.54SD、數學成績為＋2.5SD」，但更常以標準差字母「σ」來說明標準差的程度，例如「＋1.54σ」，這在學術期刊或會議中，看起來較為專業嚴謹。本書則採用「＋1.54σ」這個表示法。

「＋1.54σ」以及「＋2.5σ」這個指標所代表的意義，其實是與機率相呼應。由於用紙筆計算機率實在很麻煩，所以早期都是利用「常態分布表」計算，而現代則是使用工程計算機或試算表軟體。

關於「＋1.54σ以上的機率有多少？」讓我們一起來練習吧。如果你經常計算機率，通常會記住常態分布表的數值，所以一看到「＋1.54σ以上的機率有多少」，大概能夠立刻說出「**咦？超過＋2SD啊？可真是了不起**」的評語。

14 偏差值

日本考試中，負有盛名的「偏差值」計算方式如下：

「偏差值」＝「厲害度」×10＋50

這樣會算出較大的數字，與＋2以及＋2.5比較，＋20與＋25的數字比較容易辨識。「－1.5」代表比平均數還低「標準差×1.5」，「－1.5」乘上10倍之後等於「－15」，然後再加上50就等於「35」。負數會給人一種「較劣等」的印象，為了緩和這個負面的印象，才特地加上50。

因此，如果以偏差值來說明「國語90分與數學90分」的意義，就等於「國語的偏差值為65.4，數學的偏差值為75」。所謂的「偏差值」，其實就等於是「厲害度」喔！就理論而言，「高於100的偏差值」或「低於0的偏差值」是存在的。

其實簡單想想，就會知道這是理所當然。只要是與平均數差為5SD（標準差×5）以上，就有可能會超過100或是負數。假設數學測驗的分數為0，偏差值就會等於－150。

因此就常識而言，只要分數不太離譜，大概不會出現如此誇張的偏差值。

「測驗」的目的，原本就為區分實力，所以出考題的人一定希望平均數落在適當的位置，也希望分數的分布能夠平均。所以一旦考試結果出現「高於100的偏差值」或是「低於0的偏差值」，那測驗就算是一次失敗的考試。由於通常是由專家負責出題，很少會發生這樣的情形。

$$平均數 = \frac{所有數字的和}{人數}$$

→ 平均數的英文是「mean」，
　　所以平均數可以「m」或 μ 來表示

　　而本書使用的是「μ」

> μ 是希臘字母
> 的小寫 m

$$變異數 = \frac{(與平均數的差值)^2 的總合}{人數}$$

→ 變異數的英文是「Variance」
　　所以可利用「V」來代表。

　　由於變異數 = (標準差)^2，
　　所以也可以 S^2 或 σ^2 來代表變異數

$$標準差 = \sqrt{變異數}$$

→ 標準差的英文是 Standard Deviation

　　所以可用 SD、S 或 σ 來表示

　　本書使用的是 σ

> σ 是希臘字
> 母的小寫 s

而偏差值為

$$厲害度 \left\{ \frac{(每筆資料) - (平均數)}{標準差} \times 10 + 50 \right.$$

> ……只有日本與韓國的考試，會運用偏差值。

　　筆者還記得小時候，學校都把考試成績依照排名貼在牆壁上。隨著時光流逝，這種露骨的競爭，也受到社會的批評，因此改以「偏差值」來代表成績高低。「偏差值」是一種標準化的方法。只要知道應考人數，就能將偏差值還原成排名，所以就某種意義而言，把排名順位換算成偏差值，不過是換湯不換藥的做法，只是為了讓人看不出真正的成績排名而已。也因為如此，之前以偏差值做為升學參考的做法，也開始受到質疑，所以偏差值漸漸地越來越不受到日本學校的重視。

　　入學考試本來就是一種競爭，而且在升學這條路上，也必須參考一些與排名有關的資訊。若「不再參考偏差值來建議升學的方向」，結果就是日本高中學校無法對學生提供有效的升學建議，這對學生而言，絕對是百害而無一利。補習班雖然還是會提出偏差值的資訊，但試想一下就會明白，補習班必定會這樣做。

　　如果不能採用排名，也不能參考偏差值，想必以後考試相關組織，還是會製造出一個「讓人看不出排名高低的指標」，但不管訂出幾種指標，都不會改變現狀，因為只要「考試的本質是競爭」不改變，不可思議的升學花招就不會消失。「偏差值」被無辜地冠上惡名實在很可憐。目光如豆，只是想用簡單的指標來應付，是無法真正解決問題的。不管使用的是多麼好的工具，都可能因為使用者的使用方法，而讓原本的工具成為凶器。

第 2 章
常態分布

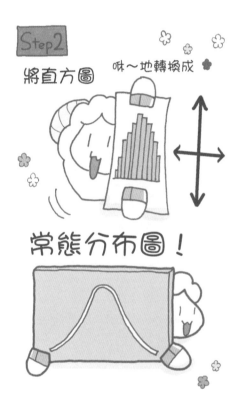

　　接下來，我們要學習「常態分布」。簡單來說，「常態分布」就是「當資料收集完成，以資料的平均數為分界，於分界兩側呈平均分布」。

　　而使用常態分布的第一步，就是先假設已收集到一堆資料，然後再從這些資料，想像直方圖。只需要先作想像，如果情況允許，最好能將直方圖畫出來。只是通常原始資料沒公開，所以無法先畫出直方圖，只能先「想像」直方圖的樣子。

　　為什麼要先「想像」呢？因為我們要考慮，「能否利用常態分布，來接近資料的真相」。本書是以「直方圖必須具有單峰分布」為前提，因為如果直方圖擁有「雙峰或三峰」，代表我們所收集的資料並不單純，包含其他重疊的因素，若根據這樣的資料進行常態分布的逼近計算，**一定會算出很奇怪的結果**。

　　其實我們真正感興趣的是「具有單峰分布的直方圖」。就如前一章所提，具有雙峰性質的直方圖，早就不在我們的討論範圍之內，而平坦的直方圖，更也沒有進行逼近計算的必要。

　　到此為止，相信各位讀者應該已經能算出資料的「平均數 μ」以及「標準差 σ」。只要將平均數 μ 以及標準差 σ 套入某個「雛形」，就能得出「常態分布」，而此常態分布的圖表，也將成為**平滑的曲線**。至於「雛形」以及「常態分布」的相關說明，則留待後面再解說。若我們一味地追求公式，反而容易看不清常態分布的本質。

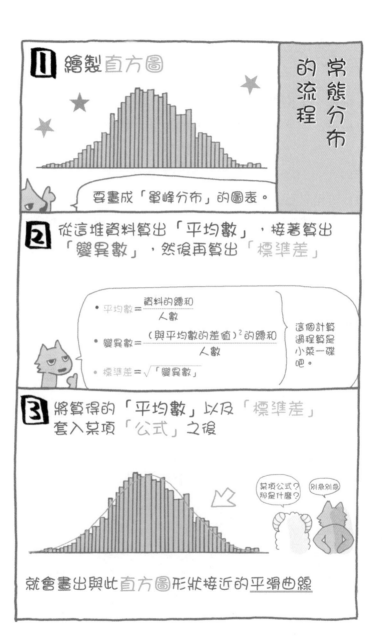

　　根據「平均數 μ」與「標準差 σ」繪製，且形狀與直方圖十分接近的平滑曲線（正確來說，是「常態分布的機率密度函數」，為了方便簡稱為「常態分布」）之後，這個曲線圖就能取代直方圖，進而算出常態分布的機率。常態分布的機率可直接用試算表軟體的「函數」來計算，紙筆會算不出來。

　　而我們所能想到的計算方法，就是從早期一直使用的「標準常態分布表」。標準常態分布，就是為了計算常態分布機率而誕生的，若能算出標準常態分布表，一般的常態分布就能輕鬆求得。就讓我們將**「標準常態分布」看成是一種具備整體性資料的分布**，這就像是為了求出資料的全貌，**而將小範圍的資料放大成數倍**，就這原理來看，標準常態分布就像是某種「度量衡」標準。所有統計學的書一定都會附上一張「標準常態分布表」。

燙傷程度的計算方式

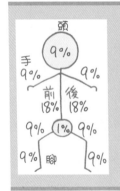

　　判定燙傷程度，最重要的是**測量有多少體表面積**被燙傷，因此左圖是從事急救醫療人員非得知道不可的人體圖。如果只有一隻手被燙到，可判斷燙傷面積為 **9%**，如果是一隻腳被燙傷，可判定為 **18%**。而標準常態分布就像是這張圖，能讓我們藉此求得實際的常態分布。

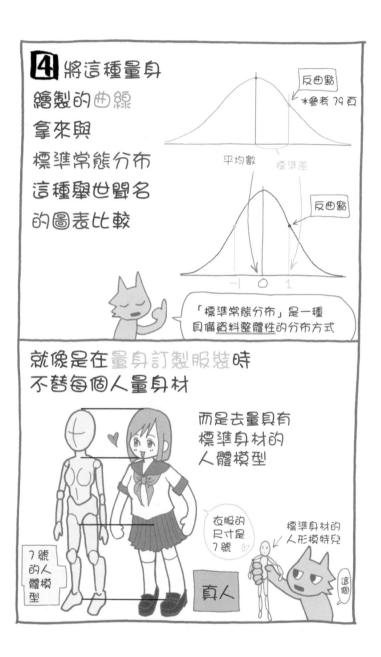

　　如何找出一般常態分布與標準常態分布之間的對應關係，是一項必須學會的技術，所以讓我們一起來努力學習吧。只要了解原理，就會覺得很簡單喔。

　　常態分布曲線，通常呈「鐘形」，擁有「頂點」與「反曲點」這兩項特徵，這可以讓我們從曲線的外觀上指出特定的點，也比較容易使用。而且更棒的是，只要是為資料量身繪製的常態分布曲線，其反曲點的位置就落在距離頂點 $\mu \pm \sigma$（標準差）的位置。由於標準常態分布的反曲點被設定在 ± 1 的位置上，所以就水平方向來看，常態分布與標準常態分布之間，具有 σ 倍（$\frac{1}{\sigma}$ 倍）的縮放比例關係。

　　標準常態分布的頂點是零，常態分布的頂點是平均數 μ，但這兩個頂點彼此具有平行移動的關係。此時惟一需要知道的是「比例」，所以只要能找出兩個頂點之間的對應關係，就能根據圖表，求得頂點的位置。

寫寫

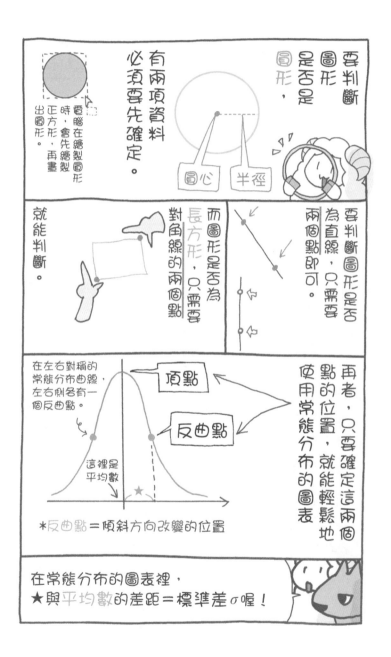

要判斷圖形是否是圓形，必須要先確定有兩項資料。

圓心、半徑。

電腦在繪製圖形時，會先繪製正方形，再畫出圖形。

要判斷圖形是否為直線，只需要兩個點即可。

而圖形是否為長方形，只需要對角線的兩個點，就能判斷。

再者，只要確定這兩個點的位置，就能輕鬆地使用常態分布的圖表。

在左右對稱的常態分布曲線，左右側各有一個反曲點。

頂點

反曲點

這裡是平均數

＊反曲點＝傾斜方向改變的位置

在常態分布的圖表裡，
★與平均數的差距＝標準差σ喔！

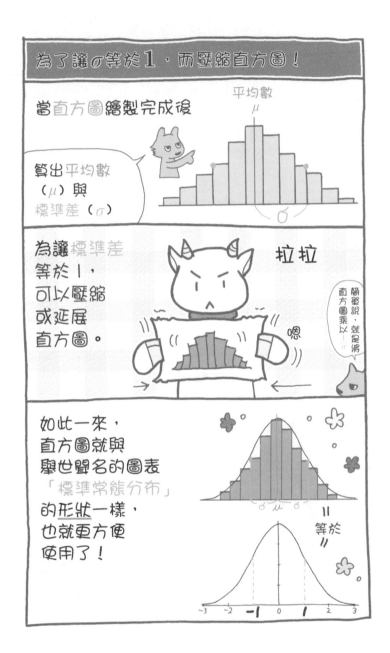

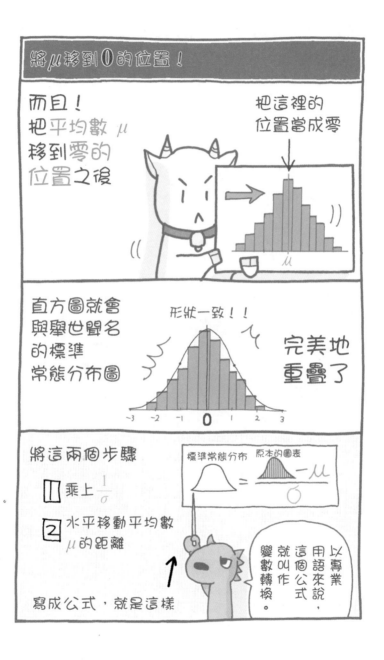

18 標準常態分布表的使用法

　　標準常態分布表如下。假設我們想求出「z = 0.22」的值，找到 0.2 的列以及 0.02 的行，交點就是「0.4129」。反之，如果想知道「10% 的位置」，只需要從表格裡找出與 10% 接近的值（以這張表而言是 0.1003），就可以知道這個值的左側數值為 1.2、上方數值為 0.08，所以「z」就等於「1.28」。

標準常態分布表的
部分面積（橘色）

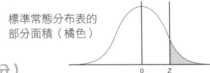

標準常態分布表（橘色部分）

z	.00	.01	.02	.03		.08	.09
0.0	0.5000	0.4960	0.4920	0.4880		0.4681	0.4641
0.1	0.4602	0.4562	0.4522	0.4483		0.4286	0.4247
0.2	0.4207	0.4168	0.4129	0.4090		0.3897	0.3859
0.3	0.3821	0.3783	0.3745	0.3707		0.3520	0.3483
0.4	0.3446	0.3409	0.3372	0.3336		0.3156	0.3121
0.5	0.3085	0.3050	0.3015	0.2981		0.2810	0.2776
0.6	0.2743	0.2709	0.2676	0.2643	中	0.2483	0.2451
0.7	0.2420	0.2389	0.2358	0.2327	間	0.2177	0.2148
0.8	0.2119	0.2090	0.2061	0.2033	省	0.1894	0.1867
0.9	0.1841	0.1814	0.1788	0.1762	略	0.1635	0.1611
1.0	0.1587	0.1562	0.1539	0.1515		0.1401	0.1379
1.1	0.1357	0.1335	0.1314	0.1292		0.1190	0.1170
1.2	0.1151	0.1131	0.1112	0.1093		0.1003	0.0985
1.3	0.0968	0.0951	0.0934	0.0918		0.0838	0.0823
1.4	0.0808	0.0793	0.0778	0.0764		0.0694	0.0681
1.5	0.0668	0.0655	0.0643	0.0630		0.0571	0.0559
以下省略							

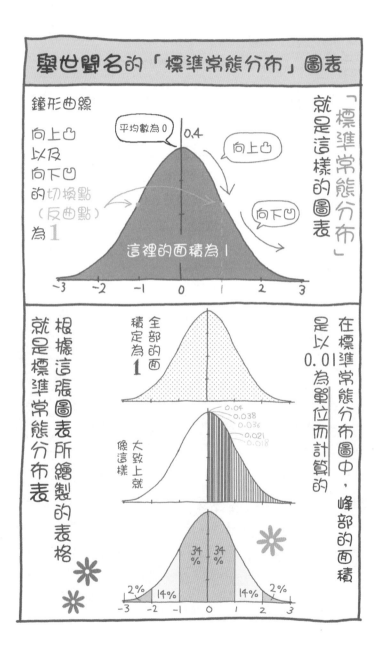

⑲ 標準常態分布表的運用

　　標準常態分布表是以 0.01 刻度計算峰部面積（不同的表會得到不同面積）。而面積的計算則是採用「數值積分」的方式進行，也就是採取**逼近計算**的意思。所以我們才會在本書一開始就說，不太可能以紙筆來計算峰部的面積。根據**標準**常態分布表，可算出**一般**常態分布的值。

　　標準常態分布表，可依照計算的方式分成好幾種，你喜歡使用哪種都無妨，最重要的是要有「**想求出這裡的面積**」的堅強意志。

使用標準常態分布表，已經落伍了？

　　古代的「手工藝」常常因技術的進步而沒落，而本書利用標準常態分布表來進行統計的計算，也早已是不具實用性以及技術性的方法。如今的時代，只要按幾下電腦的鍵盤，就能快速算出一般常態分布。筆者希望大家了解，「因計算繁雜，而透過標準常態分布表來求得」，已經是前個世紀的事了。

　　「參考表格來進行計算」，是一種陳舊的計算方式。不過目前仍有許多統計的考試，要求考生以早期的方法進行計算，所以就某種意義而言，標準常態分布表還是具有「實用」的意義。而且了解早期的計算方法，也是件富有「教育意義」的事。透過對先人智慧的了解，能夠提高自己「解決問題的能力」。

標準常態分布表 （除了 82 頁之外，） 還有另外兩種

1 表格裡將這裡（正中央）的面積從

↘ 0 開始排列

Z	0	0.01	0.02	0.03	0.04	0.05	0.06	0.07	0.08	0.09
0.0	0.0000	0.0040	0.0080	0.0120	0.0160	0.0199	0.0239	0.0279	0.0319	0.0359
0.1	0.0398	0.0438	0.0478	0.0517	0.0557	0.0596	0.0636	0.0675	0.0714	0.0753
0.2	0.0793	0.0832	0.0871	0.0910	0.0948	0.0987	0.1026	0.1064	0.1103	0.1141
0.3	0.1179	0.1217	0.1255	0.1293	0.1331	0.1368	0.1406	0.1443	0.1480	0.1517
0.4	0.1554	0.1591	0.1628	0.1664	0.1700	0.1736	0.1772	0.1808	0.1844	0.1879
0.5	0.1915	0.1950	0.1985	0.2019	0.2054	0.2088	0.2123	0.2157	0.2190	0.2224
0.6	0.2257	0.2291	0.2324	0.2357	0.2389	0.2422	0.2454	0.2486	0.2517	0.2549
0.7	0.2580	0.2611	0.2642	0.2673	0.2704	0.2734	0.2764	0.2794	0.2823	0.2852
0.8	0.2881	0.2910	0.2939	0.2967	0.2995	0.3023	0.3051	0.3078	0.3106	0.3133
0.9	0.3159	0.3186	0.3212	0.3238	0.3264	0.3289	0.3315	0.3340	0.3365	0.3389
1.0	0.3413	0.3438	0.3461	0.3485	0.3508	0.3531	0.3554	0.3577	0.3599	0.3621
1.1	0.3643	0.3665	0.3686	0.3708	0.3729	0.3749	0.3770	0.3790	0.3810	0.3830
1.2	0.3849	0.3869	0.3888	0.3907	0.3925	0.3944	0.3962	0.3980	0.3997	0.4015
1.3	0.4032	0.4049	0.4066	0.4082	0.4099	0.4115	0.4131	0.4147	0.4162	0.4177

2 表格裡這裡（從尾巴開始）的面積從

↘ 0.5 開始排列

Z	0	0.01	0.02	0.03	0.04	0.05	0.06	0.07	0.08	0.09
0.0	0.5000	0.5040	0.5080	0.5120	0.5160	0.5199	0.5239	0.5279	0.5319	0.5359
0.1	0.5398	0.5438	0.5478	0.5517	0.5557	0.5596	0.5636	0.5675	0.5714	0.5753
0.2	0.5793	0.5832	0.5871	0.5910	0.5948	0.5987	0.6026	0.6064	0.6103	0.6141
0.3	0.6179	0.6217	0.6255	0.6293	0.6331	0.6368	0.6406	0.6443	0.6480	0.6517
0.4	0.6554	0.6591	0.6628	0.6664	0.6700	0.6736	0.6772	0.6808	0.6844	0.6879

變成 1 + 0.5 的數值。

由於整體 = 1，所以 的一半就是 0.5

不管使用哪一種都可以喔── 手邊有什麼表格就用什麼吧

「想知道某次考試前 5% 的分數」，必須找出面積為 5% 部分（請參考右頁）的數值，但我們不一定能直接從表格裡找出這個數值。如果表格裡沒有這個面積為 5% 的數值，就必須進一步換算，因此，最重要的是，要有「**將此處面積算出來**」的堅強意志。

　　讓我們從幾個例子來看吧。

●例題 1●

　　某次國家考試的平均數 μ 為 70 分，標準差 σ 為 10 分。假設考試成績的分布方式與常態分布吻合，試問考生必須考到幾分才能進入此次考試的前 5%。

　　「前 5%」真是了不起的分數。若假設此次考試成績的分布情況與常態分布吻合，所謂的前 5% 就代表是距離平均數 $\mu + 1.645\sigma$ 的得分（如右頁），換句話說，$70 + 1.645 \times 10 \fallingdotseq 86.4$，代表只有考到 87 分以上的考生，才能進入前 5%。

●例題 2●

　　某次國家考試的平均數為 70 分，標準差為 10 分，並且規定，後 5% 的分數為不及格。請問此次考試之中，最低及格分數為何？

　　「後 5% 不及格」，這種的考試，真是有夠放水（笑）。我們仍然假設考試成績呈常態分布。標準常態分布表有很多種，但卻沒有直接列出屬於「後 5%」的數值。由於常態分布是呈左右對稱的曲線，所以只要先算出「前 5%」，就能反推出「後 5%」。既然前 5% 的成績落在「＋1.645」的位

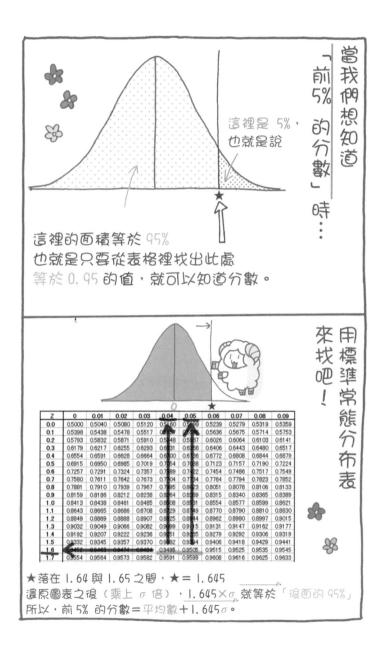

當我們想知道「前 5% 的分數」時…

這裡是 5%，也就是說

這裡的面積等於 95%
也就是只要從表格裡找出此處
等於 0.95 的值，就可以知道分數。

用標準常態分布表來找吧！

★落在 1.64 與 1.65 之間，★＝1.645
還原圖表之後（乘上 σ 倍），1.645×σ 就等於「後面的 95%」
所以，前 5% 的分數＝平均數＋1.645σ。

置，後 5% 也就落在「−1.645」的位置。

我們從標準常態分布與一般常態分布之間的對應關係來看，後 5% 的分數相當於「平均數−1.645σ」，因此 70−1.645 ×10≒53.6 分，是及格的最低分數，這個分數是以「考試成績呈常態分布」為前提。由於題目沒有明確指出考試成績呈常態分布，所以正確答案應該是「題目有誤」或是「無法算出」。這都是因為我們不知道考試成績是呈何種分布。

那麼下面這道例題又如何呢？

●例題 3●

　　某次「嬰兒健康檢查」所測得的平均體重為 6.5kg、標準差為 0.91kg。想通知異常的 10% 進行進一步的健康檢查。假設此時嬰兒體重呈常態分布，問幾 kg 到幾 kg 之間算是「標準體重」？

如果看到「10%」就開心地一口咬下魚餌，立刻想從表格裡找出 10% 的落點，那可就要大失所望了。因為題目所說的「10%」其實是「前後 5%」的意思，所以我們該在**表格裡找 5% 的落點**。由於題目明確地指出，嬰兒的體重呈常態分布，所以可以利用標準常態分布表。確認數據是否呈常態分布，是一件相當重要的事。標準常態分布表告訴我們，前 5% 的數值為 ±1.645，所以只要將標準常態分布的數值，換算成常態分布的數值，就可以得到：

$\mu \pm 1.645\sigma = 6.5 \pm 0.91 \times 1.645$

此結果代表介於 5kg～8kg 之間的嬰兒體重才算是「標準」範圍。

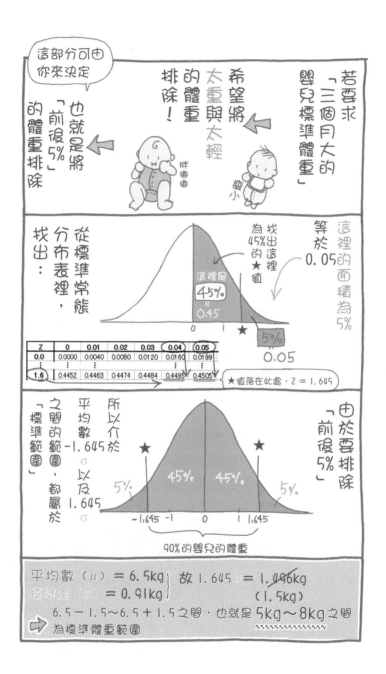

20 80 分是第幾名？

接下來繼續研究一下較正式的例題。

●例題1●

某大學的某學系的某人氣學組裡，總是有 100 名考生來搶 10 個入學名額。某間補習班對該學系進行了模擬考，其結果如下。

①參加模擬考的考生有 1000 名。

②直方圖幾乎呈單峰分布的分布，平均數為 60 分，標準差為 10 分。

A考生因感冒而缺席該次模擬考。在自家進行該模擬考之後，成績為 80 分，此時進入該大學的及格機率有多少呢？

這次的例題已經先幫我們算出標準差了。補習班的模擬考成績常公佈標準差的數值，因此只要利用統計軟體，就可以「啪啪啪」地快速算出模擬考結果。而且題目也已經告訴我們「直方圖幾乎呈單峰分布的分布」，所以我們可以將此次的模擬考結果的分布情況視為「**符合常態分布**」。「符合常態分布」的意思就代表我們可利用「常態分布」的統計方式來計算。到目前為止，各位讀者已經漸漸地對這樣的計算不陌生了吧。

雖然直方圖沒有真的公布（這也是常見的事），但我們可以稍微地想像一下，然後我們可以根據這張「想像的直方

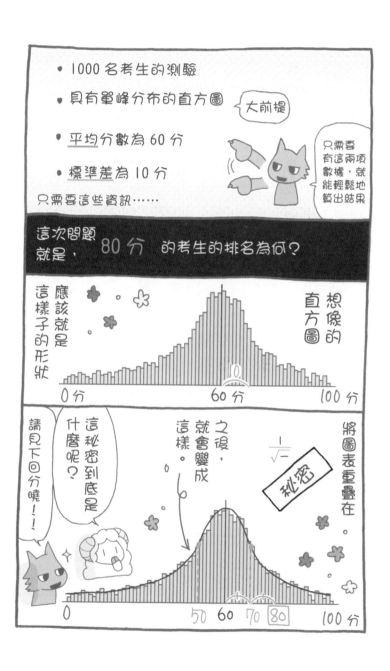

圖」，寫出常態分布的公式。……話雖如此，筆者還沒把常態分布的公式教給大家，所以暫且請大家以為已明白「常態分布的公式」囉。

常態分布的公式，是根據題目裡的「平均數以及標準差」而建立。而且我們可以相信，依照此公式繪製的常態分布曲線，將與「想像中的直方圖」**完整地重疊**。

接下來，我們要把這個常態分布曲線當成直方圖來使用。由於直方圖終究只是想像，而這個常態分布曲線卻是依照平均數以及標準差來繪製，並非是「想像」的產物，而是根據數理基礎繪製的圖表。

此次例題裡，有些部分得再進一步解釋，具體來說，就是「合格機率」這部分的意思，而在此請大家將這個詞看成是「在這次測驗之中，A考生究竟排第幾名」。由於常態分布的整體面積為「1」（因為是分布，故以面積為單位），所以只要知道到80分為止的面積，就能知道此面積究竟佔整體的比例，而我們已知考生的人數，所以就能因此算出A考生的排名。

以平均分數為準，A考生的「80分」等於是「＋20」的意思。我們已知標準差 σ 為 10 分，所以依標準差，10分的標準差就等於是「＋2σ」。這個「＋2σ」到底代表什麼呢？

這次，我們要找出此數據與標準常態分布之間的關係，再進行計算。

兩者之間的相對關係為：

	常態分布	標準常態分布
中心	平均數 μ	0
反曲點	±標準差 σ	±1

筆者通常將標準常態分布的鐘型曲線向左右平行移動，也常將這個曲線重疊在一般的常態分布曲線上。當然也有人會縮放常態分布曲線，再重疊在標準常態分布曲線上。不管是什麼做法，最重要的都是找出兩者之間的**對應關係**。

　　以「$+2\sigma$」與標準常態分布曲線比較，會發現「$+2\sigma$」落在「$+2$」的位置。當我們想計算標準常態分布於「$+2$以上的面積比例」，可以發現在標準常態分布表中，$+2$以上的部分是 0.0228，也就是 2.28%，換句話說，A 考生的排名落在前 2.28%。考生總人數為 1000 名，A 考生相當於是 22.8 名，如果考生只有 100 名，就相當於是第 2 名或第 3 名。如果預計招收名額為 10 人，A 考生就等於及格了。

　　雖然算出的結果是及格，但我們還不能斷定 A 考生一定「及格」，因為即便在 1000 名考生之中排名第 23 名，也不代表就能在 100 名考生中排名第 3 名。模擬考與正式考試的考生素質，究竟是否一致，將決定模擬考成績有多少參考價值。而且模擬考考得好，不見得可以在正式考試裡考得好（當然有那種在模擬考考得好，在正式考試也考得好的科目；但也有在模擬考的時候考得好，在正式考試時卻中箭落馬的科目）。而屬害的補習班就是能利用過去的資料，來修正模擬考的參考價值，讓模擬考的結果更接近正式考試。

　　補習班每次都會針對不同的模擬考，發表資料：「如果模擬考的成績落在這間大學的偏差值之內，等於擠進合格大門」。反過來說，如果我們分析補習班對 A 考生合格與否的評估，就能知道這間學校在模擬考考生中，是否受歡迎。因此，我們或許無法透過這道例題得出結論，「A 考生的『及格機率』」，但至少可以得出 A 考生在此次模擬考的排名，

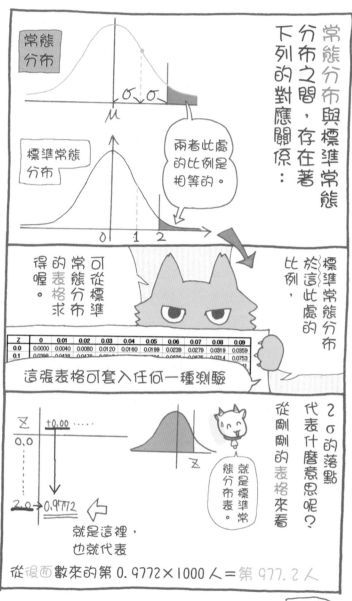

常態分布與標準常態分布之間，存在著下列的對應關係：

常態分布

標準常態分布

兩者此處的比例是相等的。

標準常態分布於此處的比例，

可從標準常態分布的表格求得喔。

Z	0	0.01	0.02	0.03	0.04	0.05	0.06	0.07	0.08	0.09
0.0	0.0000	0.0040	0.0080	0.0120	0.0160	0.0199	0.0239	0.0279	0.0319	0.0359
0.1	0.0398	0.0438	0.0478					0.0675	0.0714	0.0753

這張表格可套入任何一種測驗

2σ 的落點代表什麼意思呢？

從剛剛的表格來看

就是標準常態分布表。

就是這裡，也就代表

從後面數來的第 0.9772×1000 人＝第 977.2 人

待續

相當於 1000 名考生之中的第 23 名。

讓我們再來試幾道例題吧。

●例題 2●

①考試人數為 10000 人。

②直方圖為單峰分布、平均分數為 56 分、標準差為 8 分。

　試求考 80 分的考生排第幾名。

　　從「直方圖為單峰分布」，就可以假設整體分數呈常態分布。在 80 分與平均分數的 56 分之間，有 24 分的差距，等於是三個標準差（8 分）。另外，由於 80 分與 50 分（平均數）之間，存在著＋30 分（三格）的差距，所以偏差值為 80 分。換算成比例，就是「前 0.13%」的意思，相當於 10000 人裡的第 13 名。

●例題 3●

①考試人數為 10000 人。

②直方圖為單峰分布、平均分數為 70 分、標準差為 9 分。

　試求考 50 分的考生排第幾名。

　　從「直方圖為單峰分布」，就可以假設整體分數呈常態分布。「50 分」與平均分數的差距為－20 分。－20 分除以標準差（9 分），可以算出 2.2 這個結果，換算為偏差值，等於 $50 - 2.2 \times 10 = 28$。由於低於平均分數，所以 2.2 在標準常態分布裡，等於是第 9860 名。

也就是說，如果從前面數過來，
排名是 1000 - 977.2 = 22.8。

在試算表軟體
Excel 裡，
可以點選「公式」→「插入函數」
→「統計」→「NORMSDIST」
→在 Z1 欄裡輸入 2，
就會算出這裡的面積為 0.977249…

這部分等於 1 - 0.97725 = 0.02275
考生有 1000 人，所以 1000×0.02275
= 22.75（22.8）人！

因此答案就是第 22.8 名，
就是第 23 名的意思。

還真是大約啊。

以直方圖的方式計算，就難免產生誤差啊。誤差是一定會有的，即便答案是 22.8，也不算完全正確喔。

話說回來，91 頁的秘密公式到底是什麼啊？

啊？那個啊？

很令人好奇耶

你想知道啊？

98

將常態分布寫成公式如下：
就是這個！！
$$f(x)=\frac{1}{\sqrt{2\pi}\sigma}e^{-\frac{(x-\mu)^2}{2\sigma^2}}$$
※μ是平均數，σ^2是變異數。
π是圓周率，等於3.14159265…
e是自然對數的底，等於2.7182818…
嗯嗯～
哇，這太難了啦～
確實很難。
這個公式沒有背的必要，
鏘鏘
只要懂怎麼套入直方圖就OK了！
這就像我們不用懂怎麼製造電腦，只要會利用電腦來完成功能就夠了，是一樣的道理。
製造者很辛苦
使用者只要按一顆按鍵而已
可是～
嗯～
想知道公式 的人，請看下一頁的說明！～

㉑ 常態分布的公式應該很「正常」？

　　筆者覺得，一提到常態分布的公式，大概有一半的讀者都會看不懂，所以才會跟大家說「不用背也沒關係」、「不會用也無妨」，但說真的，「學會怎麼套這個公式，其實是件好事」。到目前為止，我們學會許多計算方法，只要依樣計算就夠了，就像不懂公式，也能分析手邊的資料。

　　但是！本書（完全是筆者之意）想試著利用一般統計書籍不會用的策略，來解說統計學。

　　筆者想追根究抵的，是下面這兩個問題。

①為什麼想利用常態分布的公式，求出近似的直方圖
②為什麼常態分布的公式，可以求出近似的直方圖

　　第一個問題雖然有點哲學，但的確是一個大哉問。早期之所以利用逼近的方式來計算，是因為這樣比較簡單，但是現代的電腦已經擁有十分優異的計算能力，「方便計算」已經不能算是理由。不過若是以為可以將計算全交給電腦，那也太過欠缺考慮。「可直接套用資料的公式」通常具有「特別意義」，也就是指「公式比原始資料更具有真實性」。

　　自然科學通常會從實驗數據找出隱藏的公式，再利用公式來建構理論。牛頓與克卜勒等科學家，都是如此勾勒出自然科學的原貌。因此，「利用常態分布算出近似值」，這件事或許不具任何意義，但想要「利用某些公式算出近似值」的想法，卻絕對不是件奇怪或徒勞無功的事情。不管今後處

理資料的速度有多快，堅持以這個想法來處理資料，仍然十分重要喔。

接著讓我們來討論第二個問題。

「為什麼常態分布的公式可以求出近似的直方圖」

這是因為常態分布本來就是「最普通」的分布。

接下來的說明會需要一些數學知識，而且有點冗長，但只要具有高中數學的程度，應該就能看得懂，如果真的覺得很難，可以略過不讀，直接跳到下一節（108頁）。筆者在此想介紹的是，如此複雜的「常態分布公式」並非源自某位天才數學家的靈感，而是在經過一連串煩瑣的過程，從諸多瑣碎的理論所得出的東西，換句話說，「常態分布公式」並非是**「神的啟示」，而是「人類的智慧結晶」**。

就讓我們開始介紹常態分布公式的來由吧。「常態分布」這個翻譯名詞有點難懂，但其實還原成英文就是「normal」（正常）。我們不妨想像一下，如果有個函數可以代表「一般的分布情況」，此函數的曲線應該是呈什麼形狀？基本上應該是以某處為中心點且左右對稱的曲線才「正常」吧？根據這個想像，我們可推測圖表的特徵如下：

特徵(1)　只有一個峰部

特徵(2)　以峰部為中心，呈左右對稱的曲線

特徵(3)　可利用指數函數的速度逼近於零

特徵(4)　面積為 1（表示機率的分布情況）

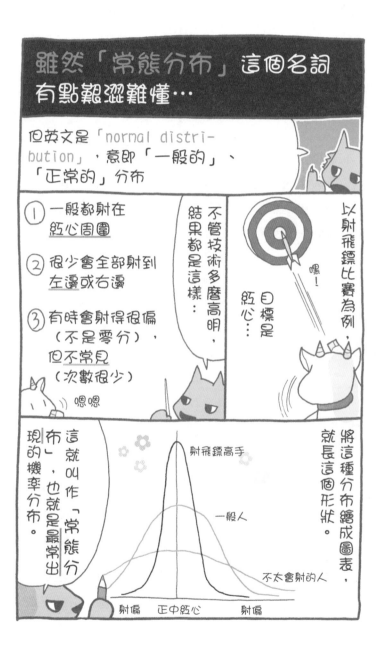

雖然「常態分布」這個名詞
有點艱澀難懂…

但英文是「normal distri-
bution」，意即「一般的」、
「正常的」分布

① 一般都射在
紅心周圍

② 很少會全部射到
左邊或右邊

③ 有時會射得很偏
（不是零分），
但不常見
（次數很少）

嗯嗯

不管技術多麼高明，
結果都是這樣…

以射飛鏢比賽為例，
目標是紅心…

嘿！

將這種分布繪成圖表，
就長這個形狀。

這就叫作「常態分
布」，也就是最常出
現的機率分布。

射飛鏢高手

一般人

不太會射的人

射偏　正中紅心　射偏

滿足上述四個條件的函數，到底是什麼呢？

如果將特徵⑴視為「峰部的頂點為零，而正數區與負數區的曲線呈左右對稱，最後再平行移動即可」…別想太多，就暫且如此定義特徵⑴吧。

如果以定義特徵⑴的方式，來定義特徵⑵，由於「正數區與負數區的曲線必須對稱」，所以當我們以「X」來代表函數本身，則這個函數應該寫成「X^2」，這樣就能畫出左右對稱的曲線。

接著就特徵⑶的「逼近於零」，可以將函數寫成 $\frac{1}{X}$，而為了滿足左右對稱的條件，函數可以寫成 $\frac{1}{X^2}$。但是當 X ＝ 0，會算出 ∞ 的結果，為了不讓分母為零，可以將分母加「1」。

$$\frac{1}{X^2 + 1}$$

這樣一來，便很接近真正的常態分布公式。不過，這樣還不夠，為什麼呢？因為 $\frac{1}{2}$ 或 $\frac{1}{X^2}$ 逼近零的速度都太慢，無法滿足「快速逼近於零」的數學條件。讓我們稍微想想丟骰子的例子就可知。連續丟出 1 點的機率，可利用 $(\frac{1}{6})^n$ 的公式來計算。也就是說機率是依照 n 次方的「節奏」越變越小，因此屬於機率密度函數的常態分布函數，也必須能反映出這樣的「節奏」。

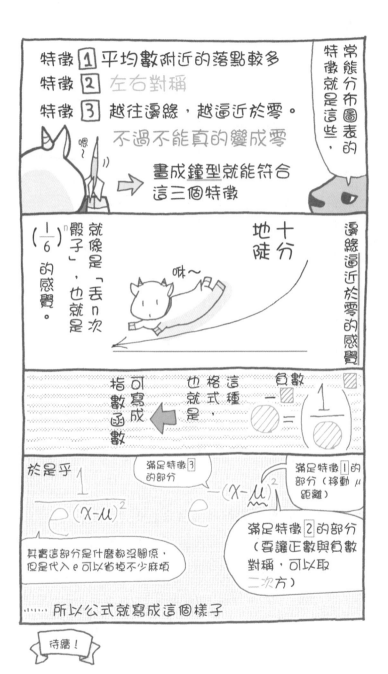

特徵 ① 平均數附近的落點較多
特徵 ② 左右對稱
特徵 ③ 越往邊緣，越逼近於零。
不過不能真的變成零

嗯～

→ 畫成鐘型就能符合這三個特徵

常態分布圖表的特徵就是這些，

就像是「丟 n 次骰子」，也就是 $\left(\frac{1}{6}\right)^n$ 的感覺。

咻～

十分地陡

邊線逼近於零的感覺

這種格式，也就是 負數 $\bigcirc^{-\square} = \left(\frac{1}{\bigcirc}\right)^{\square}$

可寫成指數函數

於是乎 $\dfrac{1}{e^{(x-\mu)^2}}$

滿足特徵③的部分

滿足特徵①的部分（移動 μ 距離）

$e^{-(x-\mu)^2}$

滿足特徵②的部分（要讓正數與負數對稱，可以取二次方）

其實這部分是什麼都沒關係，但是代入 e 可以省掉不少麻煩

…… 所以公式就寫成這個樣子

待續！

為了畫出左右對稱的曲線，可將指數函數a^{-x}（$a > 1$）改寫成 a^{-x^2}，而如此一來就滿足所有特徵。

改變 a 的值，就能讓曲線變得平滑或高尖。也就是說，到底是不是射飛鏢高手，完全可由 a 值的高低來決定。而這就是常態分布的基本型態。

特徵(4)「面積為 1」，則是計算常態分布基本型態的面積（從$-\infty$ 到 ∞），然後再利用算出來的值，除以整體數據，就會算出面積等於 1 的答案。這類連續函數的面積，可利用積分計算（廣義積分）。

在對 a^{-x^2} 這類算式進行積分計算時，通常會將「a」改寫成「自然對數的底數 e」，而這是微積分世界裡常用的方式，簡單來說，是為了方便數學的計算。

$$a = e^{\log a}$$

所以

以 $A = \log a$ 置換

可寫成

$$a^{-x^2} = e^{-Ax^2}$$

我們學過下面這個公式，

$$\int e^{-x^2} dx = \sqrt{\pi}$$

請恕筆者在此不解釋這個積分公式（只要有這個公式，接下來只要以高中的數學程度就能計算）。讓我們試著以這個公式積分，就會寫出下列公式，

$$\int e^{-Ax^2} dx = \sqrt{\frac{\pi}{A}}$$

這個公式代表「常態分布基本型態的面積」，若我們以這個面積來除

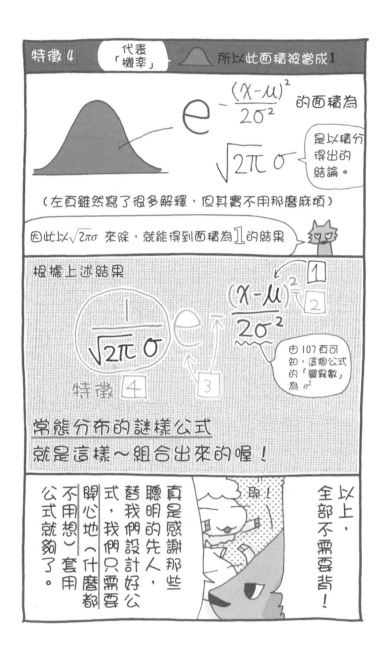

特徴 4　代表「機率」　所以此面積被當成 1

$e^{-\frac{(x-\mu)^2}{2\sigma^2}}$ 的面積為 $\sqrt{2\pi}\sigma$

是以積分得出的結論。

（左頁雖然寫了很多解釋，但其實不用那麼麻煩）

因此以 $\sqrt{2\pi}\sigma$ 來除，就能得到面積為 1 的結果

根據上述結果

$$\boxed{\frac{1}{\sqrt{2\pi}\sigma}} \; e^{-\frac{(x-\mu)^2}{2\sigma^2} \boxed{1}{\boxed{2}}}$$

特徵 ④　　③

由 107 頁可知，這個公式的「變異數」為 σ^2

常態分布的謎樣公式
就是這樣～組合出來的喔！

以上，全部不需要背！

真是感謝那些聰明的先人，替我們設計好公式，我們只需要開心地（什麼都不用想）套用公式就夠了。

耶！

$$\sqrt{\frac{A}{\pi}}\ e^{-Ax^2}$$

由計算結果，可將面積視為 1。

最後讓我們來討論特徵(1)的平行移動。為了表現「朝 X 方向移動 B 距離的平行移動」，我們可將公式 x 的部分寫成（x−B），於是公式就會改寫成，

$$f(x) = \sqrt{\frac{A}{\pi}}\ e^{-A(x-B)^2}$$

依照上述方式設計出的 f（x）函數，已經具備了特徵 (1)～(4)，因此可將此函數視為「常態分布」。不管這個公式裡的 A 或 B 數值為何，都能繪製出常態分布的曲線，也就是說，這個公式就是「常態分布的雛型」。只要依照直方圖的數據，將適當的值，代入 A 與 B，就能繪製出「自訂的常態分布曲線」。

換句話說，要想繪製自訂的常態分布曲線，只需要先決定 A 與 B 的值。到目前為止，筆者都以「自訂的曲線與直方圖『完全吻合』」這種曖昧的說明方式，但如果真要說明何謂「完全吻合」，其實就是：

「根據直方圖計算的平均數與變異數」與
「此 f（x）計算的平均數與變異數」完全一致

根據直方圖計算的平均為 μ，變異數則為 σ^2，而這兩個值也可以透過 f（x）計算，所以我們唯一需要做的，就是決定 A 與 B 的值而已。

　　比較容易解決的是 B 的部分。這裡的 B 是直方圖的峰點，所以只需要先從直方圖算出平均數 μ，再將 μ 代入 B 即可。A 的部分就得另外計算。就讓我們直接從 f（x）來計算「變異數」吧。連續型的機率密度函數，變異數可利用下列的公式計算（當平均數為 B 時）：

$$\text{變異數} = \int (x-B)^2 f(x)\, dx$$

　　經過計算，就能得出「變異數 $= \dfrac{1}{2A}$」，換句話說，只要把 $A = \dfrac{1}{2\sigma^2}$ 代入上式，就能利用 f（x）算出「變異數 $= \sigma^2$」。如此一來，就能寫出下列這個公式，

$$\frac{1}{\sqrt{2\pi}\sigma} e^{-\frac{(x-\mu)^2}{2\sigma^2}}$$

　　而這個公式就是「自訂的常態分布公式」，根據此公式繪製的常態分布曲線，可與自製的直方圖完全吻合。

　　讓我們繼續再深入研究一下。

　　讓我們試著對這個 f（x）進行「二次微分」計算。二次微分是用來計算「反曲點」的方法。當 f"（x）= 0 時，x 將等於 $\mu \pm \sigma$。而這裡的 σ 也就是所謂的標準差，因為如此，我們才會在 78 頁提到「常態分布的反曲點，就落在 $\mu \pm \sigma$ 的位置」。

22 將常態分布的使用方式寫成「公式」

　　到目前為止，已經介紹了不少有關常態分布的公式內容，但由於計算複雜，需要一些數學的底子才有辦法看得懂。不過筆者已經提過多次，如果只是要求實用，**略過前面這些內容也沒什麼關係**。至於真的略過這些內容的人，請從本節開始繼續接著讀下去。

　　接下來要回到「常態分布的使用方法」這個主題。

　　到目前為止，我們已經把常態分布的使用方法說得很透徹，最後只剩下將使用方法「寫成公式」。本書只是一本入門書籍，所以各位讀者讀完本書後，一定還會讀其他書籍，或是可能會需要調查自己想一探究竟的事情，若你閱讀「下一本書」裡，應該會以「公式」來說明曾在本書進行過的所有計算。不過想必不會像本書這樣，以可愛的卡通人物漫畫來說明。

　　為了讓大家能耐得性子來讀「下一本書」，本書將試著以「公式」來說明相同的內容。由於大家對統計已經有了基本概念，只缺乏將基本概念書寫成文字的能力。

　　題目同前。（已略為簡化）

①受測者為 1000 人。

②直方圖為單峰分布，平均分數為 60 分、標準差為 10 分。

③ A 考生自行測驗的分數為 80 分。

　　問 A 考生的名次為何？

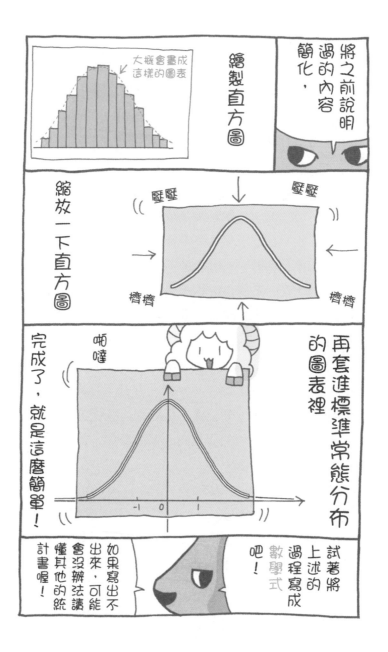

〔解答〕

　　根據題目的條件，該次模擬考試符合常態分布。如果測驗分數為隨機變數X，80分以上的比例為P（X≧80），那麼以 $Z=(x-\mu)/\sigma$ 對比例 P 進行變數轉換之後，

$$P（X≧80）= P（Z≧2）$$

　　由於 Z 符合標準常態分布，所以與標準常態分布比對之後，

$$P（Z≧2）= 0.0228$$

因此，當受測者共有 1000 名，A 考生相當於第 22.8 名。

　　讀了這段**「解答」**，概念是不是更清楚了？

　　使用「變數」來解決這類題目是十分常見的手法，而這次我們以變數X來代表測驗得分，可寫成「如果測驗分數為隨機變數 X」。例題使用的是「隨機變數」，只寫成「變數」也沒關係。由於「X」原本就帶有「隨機變動」的意思，所以寫成「隨機變數」。或許大家對「測驗成績是一種隨機變動」這句話沒什麼感覺，但如果大家把成績想像是某種「實力」，會隨著考生當天的心情或身體狀況而變化，大概就能體會這句話的意思。

　　P這個字母常用來代表機率（表示probability的p）。當 P 與隨機變數組合，寫成「P（X≧80）」，就代表「X≧80的機率＝80分以上的比例」。進一步說明「比例」，就是指80分以上的人數，佔整體人數的比例。將這個比例乘上受測者人數，就能算出名次囉。

　　我們將 Z 當成是「符合標準常態分布的隨機變數」。與 Z 相關的機率，可根據標準常態分布表求得。P（Z≧2）＝0.0228 就是一個例子。

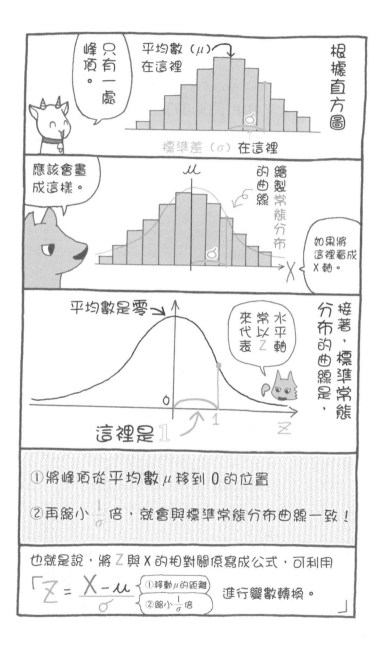

你還記得，前面如何讓 X（分數）與 Z 產生關聯嗎？筆者先讓 X 減去平均數 μ，然後再除以標準差 μ。

$$Z = \frac{x - \mu}{\sigma}$$

「X≧80 的比例」與「Z≧2 的比例」是一樣的，如果整理成公式，就會寫成 P（X≧80）＝P（Z≧2）。而 $Z = \frac{80 - 60}{10} = 2$，因此對照標準常態分布表，可查出 P（Z≧2）＝0.228，也就能求出 P（X≧80）＝0.228。

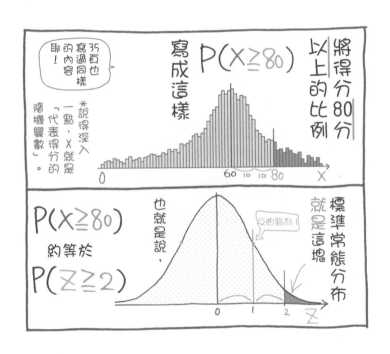

23 常態分布中，和的分布

　　108 頁的 A 考生的成績評斷，若用在入學考試「五科總分」，可能會有些爭議，那我們該如何解決這個爭議呢？這屬於「呈常態分布的隨機變數的總和，呈何種分布情況」。由於我們手邊的資料，只有數學與國語測驗的分數，而數學與國語的受測人數不同，所以就一般而言，在這種情況之下沒辦法直接進行計算。不妨讓我們利用下面的例子來思考吧。

　　A 考生的國語成績只考了 40 分，但數學卻考了 100 分。

(1)「總分 140 分」究竟是高分還是低分？

(2)兩科的分數差了 60 分。而這樣的差距到底代表什麼呢？

　　前提是，國語與數學之間的成績不具關聯性。

　　這道題目並非是在討論「數學＋國語」或「數學－國語」會如何？根據前提，

「國語與數學都呈常態分布，而兩科之間無關聯性」

　　這次仍然可以利用統計來算出答案（反言之，如果沒有這樣的前提就算不出答案，或是答案的信賴度很低）。每筆資料之間的關聯性稱為「相關」。雖然我們假設國語成績與數學成績之間「沒有關聯性」，但實際上真是這樣嗎……？國語考得好的人，也可能數學考得好吧？不過這次就暫且假設為「沒有關聯性」吧！有了這個假設，就只需要分別加總這兩科的平均數和變異數，輕鬆多了。

●常態分布的和與差的分布，n 倍的分布●

將國語成績視為 X、數學成績視為 Y，X 與 Y 都符合常態分布，且彼此為獨立時，

①「X＋Y 的分布」符合常態分布。

②「X－Y 的分布」也符合常態分布。

③「X＋Y 的分布」符合 N（X 的平均＋Y 的平均，X 的變異數＋Y 的變異數）。

④「X－Y 的分布」符合 N（X 的平均－Y 的平均，X 的變異數＋Y 的變異數）。（變異數的部分是和，要特別注意）

⑤「nX 的分布」符合 N（n×〔X 的平均〕，n^2×〔X 的變異數〕）。

*本書不進行上面證明。
*N（μ, σ^2）代表的是「平均數 μ、變異數 σ^2 的常態分布」。
*請將⑤視為將滿分 10 分的測驗乘上 10 倍，成為滿分 100 分的測驗。

接著讓我們來分析 A 考生的成績吧。我們可根據國語與數學的平均數、變異數（可參考 66 頁）以及前面的規則，來計算平均數與變異數的總和與差。

國語（單科）	平均 70	變異數 168.8	標準差 12.99
數學（單科）	平均 80	變異數 16	標準差 4
國語＋數學	平均 150	變異數 184.8	標準差 13.59
數學－國語	平均 100	變異數 184.8	標準差 13.59

*標準差可在求出變異數之後，由變異數的平方根求得！
*國語＋數學、數學－國語的變異數為 184.8，是國語的變異數 168.8 與算數的變異數 16，兩者的總和。

　　A 考生「國語＋數學」的分數為 140，所以與平均數（150 分）差為－10 分（140－150），計算標準差之後，可得出－0.74 這個結果（－10÷13.59≒－0.7358）以比例來看，就是名列前 74% 的意思，若依排名來看，就差不多是 100 名之中的第 74 名，若換算偏差值（$\dfrac{每筆數據平均數}{標準差} \times 10 + 50$），約等於 42.6（可參考 71 頁）。

　　此外，由於 A 考生的「數學－國語」為 60 分（100－40），所以與平均數的 10 分差了 50 分。以標準差來說，就是高於 3.6（3.679…），可得到「這種人難得一見」的結論（換算成比例，相當於 0.01%，但如果真的如此之低，這個結果很可能缺乏正確性）。

　　現在我們知道 X＋Y 的分布了，其他科目也可以利用同樣的方法計算。不過我們將國語與數學的成績都假設為「呈常態分布」且「彼此不相關＝獨立」，但這樣的假設是否妥當呢？科目越多，這個疑問也就越大。是否呈「常態分布」與「出題老師」的功力極為有關。只要有其中一科不呈常態分布，就會算出很奇怪的結果，導致整個統計的信賴度下滑，所以這類的考試會特別在意這個問題。一旦對「科目之間是否真的彼此獨立」產生疑問，就必須針對這個問題進行統計性的驗證，而此時可利用「相關係數」進行調查，本書沒有討論，所以請在遇到這個疑問時，參考其他相關的統計書籍囉！

　　此外，114 頁①的性質（符合某種分布的隨機變數的和，呈現相同的分布）被稱為「再生性」。並不是每種分布都具有再生性！除了常態分布，下一章介紹的二項分布以及卜瓦松分布也具有再生性。③的性質（計算隨機變數的和，此結

果即等於和）稱為「加法性」。再生性是整體分布涵蓋的特質，而加法性則是每個統計量獨立的特性。平均數與變異數都具有加法性，但**標準差卻不具備加法性**，所以要求出計算分布總和的標準差，可先加總變異數，然後再算出變異數總和的平方根。

在第③的部分裡，我們假設「X 與 Y 呈常態分布」，但如果 X 與 Y 來自同一個分布，平均數 μ 以及變異數 σ^2，則 X＋Y 符合 N（$2\mu, 2\sigma^2$）。而什麼叫作「X 與 Y 來自同一個分布」呢？這是與推論統計有關的內容，細節就留待第 4 章解說吧。

●乘積的分布為何？

「如果能算出常態分布的總和與差的分布，那麼乘積又呈何種分布呢？」如果你能立刻想到這個問題，表示你一定是很熟悉數學的人。沒錯，如果能算出總和、差與乘積，就能自由地計算多項式。不管是 X^2 還是 $X^3Y^2＋Z^4$，我們都能隨心所欲地建立這種多項式。

不過，事情並非如我們想像的簡單。

因為僅僅是 XY 的分布，就已經是**連筆者都不了解的**「第二類貝索函數」，所以想「隨意求出所有多項式的分布情況」實在不是件容易的事。真是令人感到遺憾啊。

如果真的想進行計算，可就乘積的部分進行一些常見的準備。如果是 X^2 的分布，可利用「卡方分布」計算，如果要求的是 $\frac{X}{Y}$ 的分布，可以利用「柯西分布」計算。本書將在「適合度檢定」的章節裡，介紹「卡方分布」（可參考附錄）。

第 3 章
各種分布

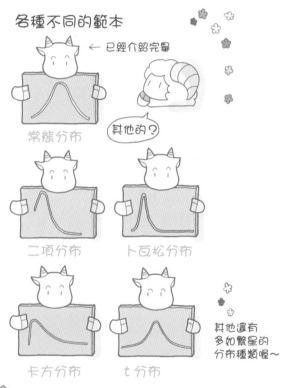

各種不同的範本

← 已經介紹完畢

常態分布

其他的?

二項分布

卜瓦松分布

卡方分布

t 分布

其他還有
多如繁星的
分布種類喔～

所有分布都是任君選擇喔！

24 何謂二項分布

本節要介紹的是「**二項分布**」。二項分布是屬於「機率」的範疇，但與統計之間仍存在著剪不斷的關係，所以本書還是打算介紹二項分布。二項分布將統計的知識當成是「計算機率的工具」。接下來可能會聊到一些很深入、很困難的內容，請大家務必盡力看懂囉。

如同名稱裡帶有「分布」這個詞，二項分布屬於「機率分布」的一種。還記得什麼叫做機率分布嗎？沒錯，抽籤或是丟骰子的「所有結果的機率表」，就是一種機率分布。**而二項分布也屬於常見的機率分布之一**。我們常拿骰子與銅板當例子，所以接下來就利用骰子來說明吧。

就讓我們舉這題為例吧。這裡的說明會比較專門、特殊，所以就算現在看不懂也沒有關係。

請先準備 600 顆骰子。將 600 顆骰子撒在地板上，
出現 1 點的顆數為 K，而出現機率為 P 時，
該機率 P 將符合 B（600, $\frac{1}{6}$）的二項分布。

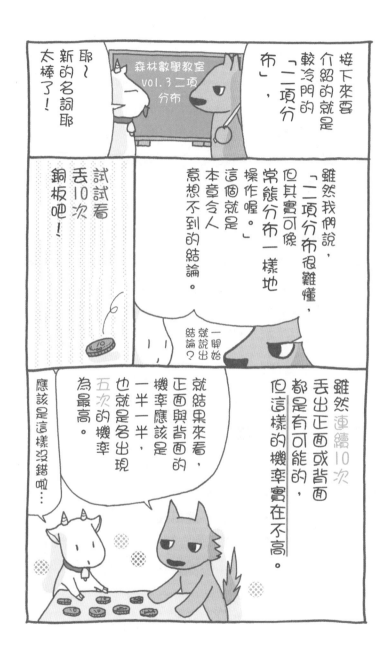

接下來要介紹的就是較冷門的「二項分布」，

森林數學教室 vol.3 二項分布

耶～新的名詞耶

太棒了！

雖然我們說，「二項分布很難懂，但其實可像常態分布一樣地操作喔。」

這個就是本章令人意想不到的結論。

試試看丟10次銅板吧！

一開始就說出結論？

雖然連續10次丟出正面或背面都是有可能的，但這樣的機率實在不高。

就結果來看，正面與背面的機率應該是一半一半，也就是各出現五次的機率為最高。

應該是這樣沒錯啦…

能夠輕鬆讀懂上面那段內容的，恐怕只有對機率與統計了解十分透徹的人。

就讓我們依序說明吧。前面已經說過，機率分布就是「列出所有可能的機率」，而以丟骰子的例子來看，顆數 k 的可能性為 0～600，所以將 k 所有的可能性列成表格，然後再計算每一種可能性的機率，就可以算出機率分布。話說回來，要繪製一個 600 行的表格，實在不是件容易的事，而光是畫表格就這麼辛苦，更別說要計算每一種可能性的機率了。

這時候誰都會希望「能以 k 的算式來代表機率」。只要能以算式代表機率，這個算式就是「機率分布」，可以算式來代替機率分布的表格。所以就讓我們先試著找出可代表「丟出 1 點的骰子有 k 個的機率」的公式吧！

話是這樣說，還是且讓筆者告訴大家公式是什麼吧。出現 k 顆 1 點的機率為：

$$_{600}C_k \left(\frac{1}{6}\right)^k \left(\frac{5}{6}\right)^{600-k}$$

可能有人會問：「$_{600}C_k$ 是什麼啊？」這是「排列組合的符號」，請大家不用太過緊張。

不需要過於追根究抵！

就算突然之間看不懂這個公式，也只需要有「原來，機率可利用 k 的函數來代表」的想法就夠了。總之我們會在後面解說這個「排列組合的符號」，大家也就不用過於鑽牛角尖而自尋煩惱。當然，能夠徹底地了解當然是最好，但就如同我們學習常態分布的公式一樣，不需要拼命研究那些我們不需要完全理解的內容。

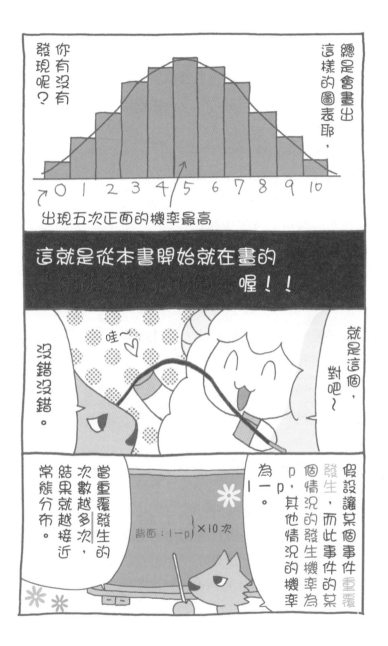

出現五次正面的機率最高

這就是從本書開始就在畫的

喔！！

家電是電子工業的智慧結晶，但要使用家電，卻不需要學會所有與電子工業有關的學問。這就像要讀懂一篇英文報告，不需要背過所有單字。

同理可證，統計雖然以各種數學知識為前提，但不懂這些知識，並非就沒辦法進行統計。**太過追求完美，反而會導致失敗喔！**

總之，出現 k 顆 1 點的機率，可利用前面寫的函數代表，而且就讓我們在這個函數前面加上 f（k）吧。只要把機率寫成 f（k）函數，就能主張 f（k）函數為「機率分布」。

請接著分析 f（k）這個算式吧。

$$f(k) = {}_{600}C_k \left(\frac{1}{6}\right)^k \left(\frac{5}{6}\right)^{600-k}$$

請各位讀者盯著這個算式，可以發現「600」這個數字出現了兩次，但如果骰子共有 601 顆，這兩個 600 就會換成 601。此外，算式裡也出現了 $\frac{1}{6}$ 以及 $\frac{5}{6}$ 這兩個分數，這兩個分數分別代表的是「出現 1 點的機率」以及「出現非 1 點的機率」。

因此，如果是 8 面體的骰子，$\frac{1}{6}$ 就會改寫成 $\frac{1}{8}$，而 $\frac{5}{6}$ 就會改寫成 $\frac{7}{8}$。這點沒問題吧。

如果題目是「**丟出 771 個銅板，出現 k 個正面的機率為 P**」，公式又會寫成什麼樣子？雖然我們不懂「排列組合的符號」，但應該還是能夠解開這道題目。答案就是：

$$f(k) = {}_{771}C_k \left(\frac{1}{2}\right)^k \left(\frac{1}{2}\right)^{771-k}$$

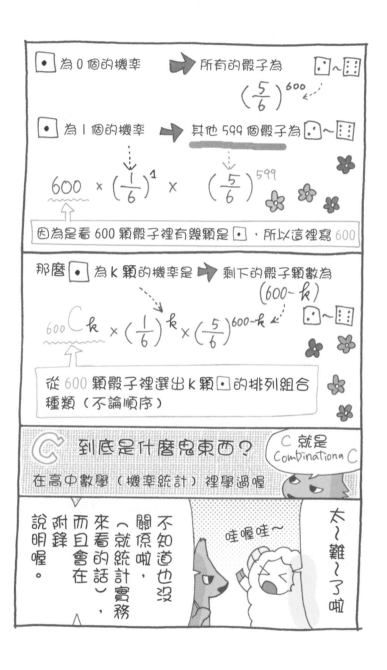

各位讀者懂了吧。如果將這個公式一般化，改寫成「**丟出的銅板有n個，出現的機率為p**」，公式會長成什麼樣？

向 n 個的某種東西做了某項動作，而某項事件發生的
機率為 p，k 個東西發生該事件的機率可寫為：

$$_nC_k \, p^k \, (1-p)^{n-k}$$

用「某種東西」或「某項動作」這種莫名其妙的名詞來說明，真是不好意思。簡單來說，當東西是骰子，動作就是「丟骰子」，而如果東西是銅板，動作就是「丟銅板」。當然，「某項事件」可以是「出現 1 點」也可以是「出現正面」…。

我們也可以故意以一些很難的專業用語來表示，例如把丟骰子或丟銅板的動作寫成「試行」，然後把「某項事件的發生機率」寫成「發生機率」，就可以把剛剛的題目寫成：

在 n 次的試行裡
若每種情況的發生機率為 p，則機率分布可以寫為：

$$_nC_k \, p^k \, (1-p)^{n-k}$$

這公式是什麼，大家還記得嗎？沒錯，就是機率分布，也就是用來代替機率分布表格的公式。

如果將這個公式裡的 n 或 p 換成其他東西，就能在不同的題目裡套用這個公式。在這次骰子與銅板的例子中，公式的主架幾乎沒什麼更動。這種把「更換 n 與 p 而產生的一連串的函數」當作是機率分布，就被命名為「二項分布」。

如果這世界上
只有「A」或
「非A」的東西，
那麼當「A」的
機率為p，
「非A」的機率
就能寫成
1－p。

可使用
二項分布。

話　　雖　　如　　此～

真的有這種
能一分為二的
東西嗎？

這世界裡有很多東西
都沒辦法分成
黑白兩邊耶⋯

不～對

這世界
有很多令人
想不到的
二擇一喔！

下一頁將舉出
一些例子來。

就是把某個節目分成「收看」與「不收看」的二擇一。

這種二擇一就是以收視群的人數來進行調查的。

哇哈哈

選舉也是對某某人「投票」或「不投票」的二擇一。

這種二擇一只有擁有投票資格的人可以進行（例如台北市民）的。

讓我們再舉一個例子。

吃藥其實也分成「有效」與「無效」兩種喔

投

降血壓的藥

沒效

140

有效

A先生 B先生

根據某種檢查結果任意地訂出上下界線，就能分出上下或兩邊的情況。

就連銀魂也說，人生就是一連串的不斷的選擇。

*註：銀魂是一齣日本動漫畫。

二項分布不只有骰子或銅板。

利用某種機器製作螺絲，會有 $\frac{1}{1000}$ 的機率生產出不良品。當此機器生產了 10000 顆螺絲，k 顆不良品的機率 P 為多少呢？

這個題目用的是「機器」以及「螺絲」，但其實不過就是：

1000 面體的骰子，出現 1 點的有幾顆？

就像這樣的題目而已，所以答案是：

$$P = {}_{10000}C_k \left(\frac{1}{1000} \right)^k \left(\frac{999}{1000} \right)^{10000-k}$$

傳聞某政黨的支持率為 40%。若具有投票資格的市民有 20000 人，該政黨的候選人得到 k 票的機率 P 為多少？

讀者們已經可以輕鬆地算出來了吧。

$$P = {}_{20000}C_k \left(\frac{4}{10} \right)^k \left(\frac{4}{10} \right)^{20000-k}$$

當應用二項分布於各種事物中，會有人覺得每次都這樣寫公式很麻煩，所以有人主張：「**把二項分布的公式寫成 B（n, p）即可**」。

以剛剛的螺絲為例，寫成 B（$10000, \frac{1}{1000}$）就可以替代 P 的算式，政黨選舉的例子，也只需要寫成 B（$20000, \frac{4}{10}$）即可。是不是很方便呢？讓我們將目前所學的一切當成預備知識，一起來分析 118 頁的例子吧。

準備 600 顆骰子。將這些骰子撒在地板上，
出現 k 顆 1 點骰子的機率 P 將符合
B（$600, \frac{1}{6}$）的二項分布。

機率分布有多種意思，可說成「**符合各種機率分布**」，所以「B（$600, \frac{1}{6}$）符合二項分布」就代表「成為 k 的機率為 $_{600}C_k (\frac{1}{6})^k (\frac{5}{6})^{600-k}$」。換句話說「B（$600, \frac{1}{6}$）符合二項分布」等於是「出現 K 顆 1 點骰子的機率為 $_{600}C_k (\frac{1}{6})^k (\frac{5}{6})^{600-k}$」。

不過我們該怎麼處理這個排列組合的符號呢？

接下來就要進入統計的部分了！

雖然筆者還是想說「不知道排列組合符號也沒關係」，這因為「幾乎沒有人算得出 $_{600}C_k$ 這種排列組合到底有幾種」。雖然不是那麼難以理解，但卻幾乎算不出來，所以才必須藉用統計的力量，讓我們「跳過計算的步驟，來求出排列組合的數目」。

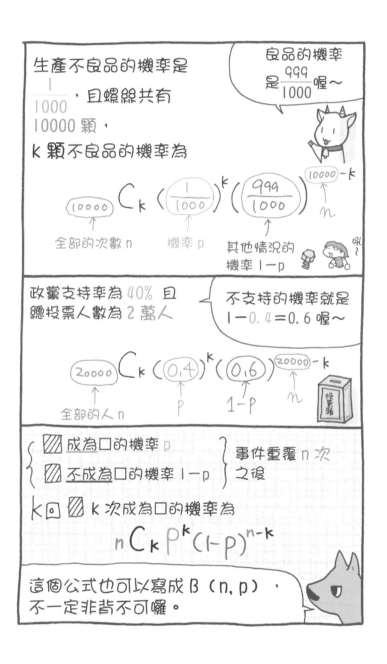

26 利用常態分布，解二項分布①

本書不打算解說排列組合符號 $_nC_k$ 的意義和計算方法。雖然說清楚比較輕鬆，但筆者想主張的是，**不懂排列組合符號也能懂統計**，所以才會盡可能表示，不需要說明排列組合符號。如果有讀者真的想了解，建議大家看看附錄①。

讓我們回到正題吧。如果想得單純一點，「600 顆骰子丟出 k 顆 1 點的機率」應該是會是幾顆呢？

答案應該是 100 顆。

但其實真的要丟出剛好 100 顆，機率很低（經過計算，僅 4% 的機率）。有時候會是 99 個，有時候也可能會是 102 個，甚至會出現 200 顆 1 點的情況。也就是說，機率分布（原本應該以表格列出所有情況的機率，但為了方便說明，則改以圖表呈現）應該呈下列的曲線。

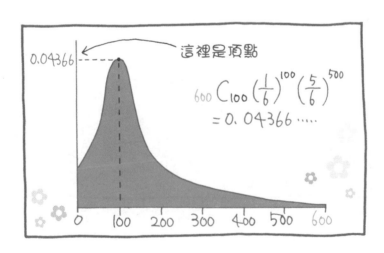

如左頁下圖，應該會畫成以 100 顆為峰頂的單峰分布曲線。大家聽到單峰分布這個名詞，有沒有突然有種心領神會的感覺？沒錯，就是我們前面學過的常態分布。接下來要介紹的是「學統計的人一定得知道的超重要專門用語」，也就是

中央極限定理

在此只需認識中央極限定理為下方解釋即可。

二項分布的資料個數越多，越接近常態分布。

這是由中央極限定理所導出的結論。有關中央極限定理，我們將在後續解說。各位讀者只需要先知道資料的數量越多，二項分布就越接近常態分布的「形狀」。換句話說，

⑴**有種定理稱為「中央極限定理」，從此定理得知，**

⑵**二項分布可逼近常態分布。**

接下來就讓我們一起試試看，如何利用常態分布來進行逼近計算。

當二項分布的「數值越來越大」，就可以當成常態分布來操作，但到底要大到什麼程度，二項分布才真的可以當成常態分布呢？就實際操作來看，大概是「30 顆骰子」的程度。但如果少於 30 顆骰子又如何……？這時候通常就得進行機率計算。雖然用紙筆計算機率是件麻煩的事，但如果只是 30 顆骰子，利用試算表也不失為一個好方式。

27 利用常態分布，解二項分布②

　　雖然二項分布的數值越大、越接近常態分布，但具體該怎麼讓二項分布逼近常態分布呢？請大家回想，我們之前是怎麼利用常態分布逼近直方圖。我們是利用「平均數」和「標準差」來比對直方圖與常態分布的尺寸，所以這次也只需要採行相同的方法。於是乎我們該問的是「二項分布的平均數與變異數是多少」。讓我們一起來解題吧。

　　堅持透過常態分布逼近二項分布，其一大理由為：

二項分布的平均數與變異數很容易計算。

　　第一步要計算的是平均數。不過在計算之前，請各位讀者先想一下，如果同時丟出 600 顆骰子，平均會有幾顆是 1 點呢？又或者，如果將 200 枚銅板撒向地板，平均會有幾枚是正面呢？這應該憑直覺就能算出來吧？如果丟的是 600 顆骰子，那應該會有 100 顆是 1 點，如果是 200 枚銅板，則應該有 100 枚是正面。二項分布將試行次數以 n 代表，機率以 p 代表，所以平均數就等於「np」。

（二項分布的平均數）＝np

　　接著要計算變異數。我們已知標準差＝$\sqrt{變異數}$，要算出變異數，只需要先算出標準差，然後再將常態分布套二項分布，就能利用常態分布逼近二項分布。

　　二項分布的變異數，計算如下：

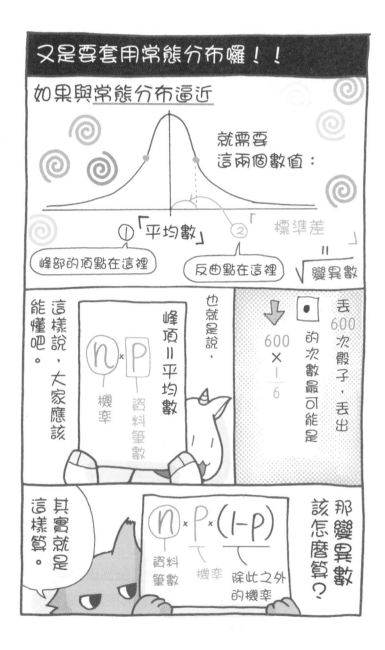

又是要套用常態分布囉！！

如果與常態分布逼近

就需要
這兩個數值：

① 「平均數」　② 標準差

峰部的頂點在這裡　　反曲點在這裡　　= √變異數

也就是說，
峰頂＝平均數

$n × p$

機率　資料筆數

這樣說，大家應該能懂吧。

丟 600 次骰子，丟出 ● 的次數最可能是

$600 × \dfrac{1}{6}$

那變異數該怎麼算？

其實就是這樣算。

$n × p × (1-p)$

資料筆數　機率　除此之外的機率

$$（二項分布的變異數）= np（1-p）$$

$$600 顆骰子的變異數，是 600 \times \left(\frac{1}{6}\right) \times \left(\frac{5}{6}\right)$$

$$200 枚銅板的變異數，是 600 \times \left(\frac{1}{2}\right) \times \left(\frac{1}{2}\right)$$

　　或許會有人會以為，「變異數不是要先將每筆資料與平均數的差，平方後加總，再除以 n 嗎？」沒錯，如果計算的是直方圖的變異數，的確如此，但二項分布就簡單多了，只需利用這個算式就能輕鬆求得。

　　雖然二項分布不容易直接求得，

但要從二項分布算出「平均數與變異數卻很簡單」，

而且由於「二項分布的數值越大，就越接近常態分布」

只要利用平均數與標準差（=$\sqrt{變異數}$），

就能利用常態分布，逼近真實的二項分布。

接下來讓我們試著來實際演練吧。

同時丟出 720 顆骰子，求出現 150 顆以上 1 點骰子的機率為何。

正式計算之前，讓我們先來做機率的預測吧。1 點的機率應該是 120 顆（$720 \times \frac{1}{6}$）。因此如果要出現 150 顆 1 點的骰子，可能得稍微運氣好一點才行。反正難得，在計算之前，各位讀者不妨憑直覺推斷，到底「可能」還是「幾乎不可能」丟出 150 顆 1 點的骰子。

接下來讓我們來計算機率吧。

由於機率符合二項分布 B（720, $\frac{1}{6}$），所以直接計算機率之後，可以得出：

$$_{720}C_{150}\left(\frac{1}{6}\right)^{150}\left(\frac{5}{6}\right)^{720-150}$$

對熟悉排列組合符號的人來說，這根本是一道不可能計算的題目，也不可能利用紙筆來計算，所以我們才要利用常態分布來逼近答案。

這個二項分布的平均數為 120（$=720\times\frac{1}{6}$），變異數為 100（$=720\times\frac{1}{6}\times\frac{5}{6}$）。因為變異數為 100，所以標準差為 10（$=\sqrt{變異數}=\sqrt{100}$）。150 個與平均數（120）的差距為 30 個，而在標準差為 10 之下，30 個的差距就代表是「3 個標準差」的意思。

接下來要知道的就是，3 個標準差的機率是多少。要知道機率多少，只需要查一查標準常態分布表就知道，我們前面就已經這樣查過了（83 頁）。150 個以上與「偏差值 80 以上」的意思相同，所以我們可以算出 150 **個以上的機率為** 0.13%。對筆者來說，如此低的機率，相當於是「不可能發生」的情況，但讀者卻不一定與筆者持相同的意見。不過這本來就沒有絕對的答案，只是如何看待「0.13%」的問題而已。

結論是，像這種 $_{720}C_{150}\left(\frac{1}{6}\right)^{150}\left(\frac{5}{6}\right)^{720-150}$ 一看就不會動手算的題目，可以利用常態分布來逼近。

720 顆骰子丟出 150 顆 $\boxed{\cdot}$ ，機率為：

$$_{720}C_{150}\left(\frac{1}{6}\right)^{150}\left(\frac{5}{6}\right)^{720-150}$$

$$\frac{720 \times 719 \times 718 \times \cdots \times 573 \times 572 \times 571}{150 \times 149 \times 148 \times \cdots \times 3 \times 2 \times 1}$$

這有可能算得
出來嗎～～？

沒錯！
不可能

- 平均值：$np = 720 \times \frac{1}{6} = 120$
- 變異數：$np(1-p)$
  $= 720 \times \frac{1}{6} \times \frac{5}{6} = 100$
- 標準差：$= \sqrt{變異數} = 10$
與常態分布趨近喔！

$B\left(720, \frac{1}{6}\right)$

由於機率符合

二項分布，

所以，

因此才要以逼近

的方式來計算。

由於 150 落在 3SD 的
位置，所以丟出
「150 顆以上 $\boxed{\cdot}$ 骰子
的機率」是：

120 10 10 10 150

這裡的面積 → 0.0013

所以，丟出 150 顆以上 $\boxed{\cdot}$ 骰子的機率為 0.13%

機會難得，讓我們再多算一道題目吧。

　　某間製造商的業務員聲稱：「這台機械的不良品率為 $\frac{1}{1000}$！」。檢查 150 個產品後發現了 3 個不良品。而業務員解釋：「只是剛好抽驗到的 3 個都是不良品！一切只是巧合。」請問我們可以相信這位業務員嗎？

　　這應該是在日常生活中，經常會發生的事情吧，不過我們一樣可以將這道題目看成是「出現 1 點的機率為 $\frac{1}{1000}$ 的骰子」。也就是「當我們丟出 150 顆這種骰子，出現三顆 1 點的機率是多高」。就讓我們先把算式寫出來吧（如果覺得寫算式很麻煩，不寫也沒關係囉）。

$$_{150}C_3\left(\frac{1}{1000}\right)^3\left(\frac{999}{1000}\right)^{150-3}$$

　　這種算式可**直接利用試算表軟體**，會得到 0.05% 的機率，但是如果以常態分布來逼近正確答案，又會得到什麼結果呢？為了以常態分布逼近，我們得先算出平均數與標準差。

　　平均數為 0.15（＝ $150\times\frac{1}{1000}$）、變異數為 0.14985（＝ $150\times\frac{1}{1000}\times\frac{999}{1000}$），因此標準差就等於 0.39（＝ $\sqrt{0.14985}$）。

換句話說，當平均數為 0.15，不良品有 3 顆的意思，代表與平均數的差距為 2.85。如果將 2.85 除以標準差，就會得出 7.31 這個答案。可是標準常態分布表裡查不到 7.31 這個數值，代表 7.31 的機率逼近於零。

　　與實際計算的結果一致，所以這次**實際計算所得的結果，可以說是正確答案**，不過將哪一邊當成正確答案都沒什麼意義。因為所謂「統計」就是「根據機率所進行的判斷」，只要判斷沒有差太多，一點差距都可以算在誤差範圍之內。而這次不管將哪一邊視為正確答案都沒有問題，所以也可以說「以常態分布逼近的答案是正確的」。

在此，有件重要的觀念悄悄地出現。
那就是「統計就是根據機率所進行的判斷」。

　　在本題中的判斷，也就是「業務員所主張的 $\frac{1}{1000}$ 的不良品率是否屬實？」如果業務員的主張屬實，代表從 150 個產品之中抽檢出 3 個不良品，這個結果，只是剛好符合0.05%的機率而已，但——

事情哪有那麼剛好的～

　　與其說是碰巧抽到 3 個不良品，倒不如認為業務員在信口胡謅，這樣的判斷可說是十分具有統計學的根據。

29 最重要的中央極限定理

　　若你認為自己是「手塚治蟲」漫畫迷，想必都看過「怪醫黑傑克」這部作品。不管什麼事都可能存在著「只要做過○○，就不可能不知道××」的規則。而「中央極限定理」在統計學中，就具有如此地位，所以才會說「沒聽過中央極限定理」，不可能學過統計學。統計學裡最重要的定理，就是中央極限定理。

　　雖然中央極限定理如此重要，但人們用到中央極限定理的機會卻很低，這就像大家不太可能會自己組裝一台電視或微波爐一樣，製作與使用本來就是兩碼子事。聽說美國曾經出現十分可怕的都市傳聞，有人竟想利用微波爐替被雨淋濕的貓咪暖一暖身體，結果卻不小心害貓咪死掉。如果這個傳聞是真的，那就是因為使用者不懂微波爐的加熱原理才釀出如此大禍。同樣的，即便讀者們用不到中央極限定理，但本書裡所寫的「可以常態分布逼近二項分布」或「可以常態分布逼近直方圖」，這些做法其實都用到了中央極限定理，所以就此看來，我們非得對中央極限定理有所了解不可。如果要說中央極限定理到底是怎麼樣的定理，那就是：

　　「不論原本的機率分布為何，只要重覆的次數夠多，在重覆測定之下的總和，將接近常態分布」。看到這樣的解釋，各位讀者應該還是不知道什麼是中央極限定理，所以接下來就讓我們抽絲剝繭地來進行說明吧。

③⓪ 大數法則

在說明中央極限定理之前，先要說明「大數法則」。大數法則就是「在重覆測定之下，結果將逼近機率的理論值」這個法則。以骰子為例，只要是正常的骰子，每種點數出現的機率應該都是 $\frac{1}{6}$。這就叫做大數法則。

話說回來，這樣的說明**雖然很常見，也很正確**，但假設「骰子是正常的」根本就毫無意義（因為骰子正常不正常，只有上帝知道）。「理論值」本來就是一種虛構的東西，所以筆者想重新將大數法則定義為「只有上帝才會懂的『機率的理論值』，我們凡人只能看到的或只能相信的，只有『實際發生的次數』」，這也就是所謂的大數法則。

說明似乎有點複雜。

如果讓各位讀者變得更模糊，那筆者要先在此說對不起。請大家回想一下第一個說明吧，把大數法則解釋成「在重覆測定之下，結果將逼近機率的理論值」就夠了。

（筆者註）透過「自己製作的籤」來了解何謂理論值。假設製作的 100 支籤中，只有三支作成是中獎的籤，那麼中獎的機率理論上會是 $\frac{3}{100}$。不過把大數法則套用過來，這種早就知道結果是正確的理論值，會得到「不用算也知道」的結果，所以這種計算一點也不有趣。

③1 中央極限定理

接下來要解說**中央極限定理**。市面上已經有許多書籍是以二項分布逼近常態分布的例子，來說明中央極限定理，但本書打算以不同的例子來說明。所謂中央極限定理，就是**「不管原始資料如何分布，樣本的平均數都將遵循常態分布」**。「樣本的平均數」是什麼鬼東西啊？請大家想一下「計算骰子丟 10 萬次的點數總和，然後再重覆這個計算 1000 次」。丟 10 萬次骰子，第 1 次到第 10 萬次的點數就是「**樣本**」，而將所有點數的總和，除以 10 萬次所得的結果，就叫作「**樣本的平均數**」。正常骰子的各個點數，都有 $\frac{1}{6}$ 的出現機率，出現的平均點數為 3.5，因此「10 萬次的點數總和」應該會是 35 萬左右。一般人不太可能重覆 1000 次丟 10 萬次骰子的過程，所以輸入試算表軟體，並將結果繪製成直方圖，就會發現，算出來的結果會呈現以 35 萬為中心的完美「鐘型」曲線。相信大家會認為這是「理所當然」的結果吧。

接著讓我們思考，不正常的骰子會丟出的結果。我們替骰子特殊加工，並將機率分布設定成下列表格。這個骰子的平均點數為 2.75。

點數	1	2	3	4	5	6
機率	$\frac{1}{2}$	0	$\frac{1}{4}$	0	0	$\frac{1}{4}$

接下來讓我們重覆丟出骰子，並將出現的點數加總起來。

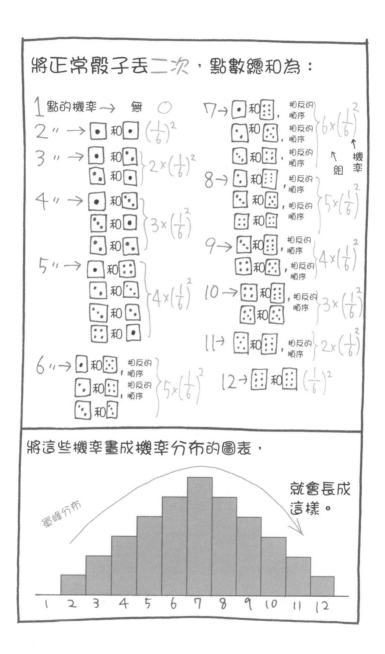

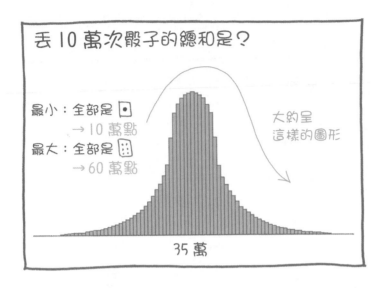

丟10萬次骰子的總和是？

最小：全部是 ⚀
　　→ 10 萬點
最大：全部是 ⚅
　　→ 60 萬點

大約呈
這樣的圖形

35 萬

　　丟第二次的時候，總和為「1」的機率一定是零。連續出現 2 點的機率，就是「1 點連續出現兩次」，而 1 點出現的機率是 $\frac{1}{2}$，所以「丟兩次骰子，點數總和為 2 的機率為 $\frac{1}{4}$」，而且不會出現點數總和為 3 點的情形。

　　只要依次調查機率，就能找出「丟兩次骰子的機率分布」。比較之下，與一般的骰子有很明顯的差異，不過這只是「丟兩次骰子的點數和」，丟 10 萬次又會出現怎麼樣的結果呢？

　　請大家先注意算式。假設丟兩次骰子的點數總和為 7，丟一般的骰子時，機率應該是「6 種組合×$\frac{1}{6}$×$\frac{1}{6}$」，如果丟的是不正常的骰子，機率就會是「2 種組合×$\frac{1}{2}$×$\frac{1}{4}$」。不管骰子是否正常，機率都是「組合數×○○」，即便丟 10 萬次，機率仍然是「組合數×○○」，但算式裡的組合數會隨著 n 變大而急速增加，**而且增加的速度太快，其他因素跟不上**。這種情況在數學裡稱為「**排列組合數爆發**」。

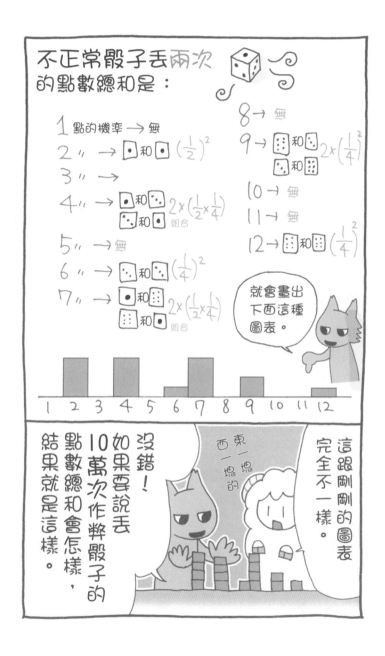

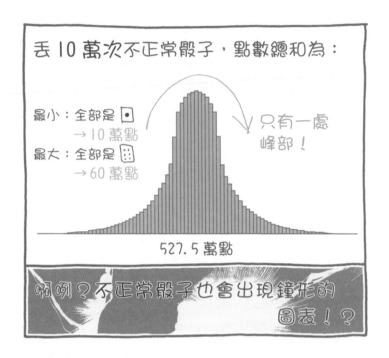

也就是說，即便丟了10萬次骰子，點數分布的情況會反映出「排列組合」的數量。以正常骰子而言，點數總和的頂點大概會落在35萬點附近，而「作弊」骰子的頂點會落在27.5萬點左右，的確會出現機率的差異，但不管骰子正常與否，不管原本的分布曲線如何地歪斜，只要丟的次數夠多，分布的曲線形狀還是會慢慢地逼近「鐘型」。

換句話說，「其他任何因素，都無法勝過排列組合數的影響」。

每本書所解釋的中央極限定理都不太一樣，但我們卻不需要完全理解，大部分的書都把中央極限定理當作是**各種分布皆可以常態分布逼近的證明**。而本書就是將中央極限定理當成是二項分布可以用常態分布逼近的證明。

　　話雖如此，**任何一種分布**不斷地加總之後，居然都能逼近**常態分布**，這不是一件很厲害的事嗎？

「任何一種分布」都有這種情形。

　　既然是任何一種分布都會如此，二項分布自然也不例外。二項分布常用來計算總和，所以分明就是在請人使用了中央極限定理的意思。

　　計算求得的總和，逐漸地逼近常態分布，這個情況，說明中央極限定理的存在。不過這只印證了二項分布可逼近常態分布，卻無法完全說明中央極限定理。**中央極限定理就是「無論任何分布，都會成為常態分布」。**

　　要證明中央極限定理，得進行許多繁複的計算，雖然對我們而言，比較容易想像「當 $X \to \infty$ 時，$\frac{1}{X}$ 會得到什麼結果？」但是在此要討論的卻是「分布」、「逼近常態分布」的主題，換句話說，要討論的不是「值」的極限，而是「函數」的極限。

　　許多書籍都以「動差母函數」來探索函數的極限。動差母函數是以函數尋找函數的極限值，但這種方法卻很容易讓尋找極限的過程變得越來越複雜。所以，這後面的計算就交給有時間的人去做吧，因為一般人根本就不需要知道所謂「函數的極限」。要請大家記得的是，與其說我們已經了解「中央極限定理的概念」，不如說只是要在心中留下「**中央極限定理的印象**」。

32 卜瓦松分布

二項分可利用常態分布逼近算出，但其實還有另一種逼近計算的方法，也就是利用「卜瓦松分布」（Poisson distribution）逼近的算法。

為何會有這麼多種逼近計算的方法存在，是因為**要直接算出二項分布實在太麻煩了**。所以早期的人才會絞盡腦汁想出這些逼近計算。

由於「逼近」是計算的需求，**所以有時會有有「更為逼近」的計算結果**，而且甚至可以直接進行計算。因此，我們第一步得先想想能不能直接計算，若能直接計算，則可以算出最正確的答案。不管是以紙筆計算還是以試算表軟體計算，或是以專業計算軟體、統計軟體等，「n 的大小」會決定是否能夠直接計算。如果手邊的工具都沒辦法進行直接計算，那就該考慮以逼近的方式來進行計算。

接著要考慮的問題是，如果要以逼近的方式計算，該使用什麼工具？而最常見的就是常態分布。卜瓦松分布可在下列特殊的情形下，比常態分布，可算出更為接近的答案。然而，這裡所謂的特殊情況，是哪些情況呢？

★可利用卜瓦松分布進行逼近計算的標準：
· 試行次數 n 過大，例如 1 萬次或 1 萬次以上。
· 發生機率 p 過小，例如 $\frac{1}{1000}$ 或 $\frac{1}{10000}$。

在二項分布中，滿足上述二條件，其中最著名的例子就是「交通意外的發生率」。在前面的奇怪業務員的例子裡提到「不良品率 $\frac{1}{1000}$」，但如今的日本工業產品（視產品而定）的不良品率都遠低於 $\frac{1}{1000}$ 這個數字。這樣的例子一樣可以套用卜瓦松分布來分析。

接下來就來看一些相關的例子。

日本的崎玉縣平均每年都會出現一位「超人氣搞笑藝人」。今年，當地突然出現兩位「超人氣搞笑藝人」的機率有多高？

嚴格來說這個題目有很多破綻可以挑剔，例如「超人氣搞笑藝人」該如何定義，或者「平均每年產生一名」是否屬實，但請大家高抬貴手，別太挑剔這些問題，先把題目假設為「只要有一萬名觀眾喜歡的藝人，就屬於『超人氣搞笑藝人』，而這樣的搞笑藝人『平均每年都會出現一名』」，這樣的題目就可以認定為遵守卜瓦松分布。

寫得再清楚一點，這個題目就是在討論「超人氣搞笑藝人」會「出現」還是「不會出現」的意思，代表這道題目已符合二項分布（符合二項分布時，可利用機率討論問題）。但如果同時考慮崎玉縣的居民非常多，以及搞笑藝人要爆紅的機率很低的這兩項因素，這個二項分布就能利用卜瓦松分布來逼近計算。這麼複雜的內容可被濃縮成一句「符合卜瓦松分布」，就這點來看，統計果然不是一門簡單的學問。

接下來要介紹有關卜瓦松分布的使用方法。卜瓦松分就是在下面的式子裡代入平均數 λ（lambda），然後再代入目標值 k 而已。既不需要理解式子的意義，也不需要擁有自行計算的能力，就可以輕鬆計算。

★卜瓦松分布函數

$$\frac{e^{-\lambda} \times \lambda^{k}}{k!}$$

*e 為自然對數的底數

如果是利用 Excel 來計算，只需要輸入「POISSON（k, λ, false）」就可以算出結果。早期常用到「卜瓦松分布的表格」，但現在試算表軟體已經變得十分方便好用，所以卜瓦松分布的表格就越來越少人使用了。

目前根據我們手邊的資料，「每年的平均數為 1 人（λ＝1）」、想知道的答案是「2 人（k＝2）爆紅的機率」。試算表軟體算出來的答案約是 18%。機會難得，不妨讓我們將「k 人爆紅的機率」都製作成表格吧。

k	0	1	2	3	4	5	6	7
機率	0.3679	0.3679	0.1839	0.0613	0.0153	0.0031	0.0005	0.001

大家算到現在，不知有沒有注意到什麼事呢？在這題計算機率的過程中，完全沒有用到「埼玉縣的人口」或「搞笑藝人爆紅的機率」耶，唯一使用的只有「平均每年 1 人爆紅」這個過去的資料而已。

其實，這就是卜瓦松分布的厲害之處。

也就是說，「搞笑藝人的爆紅機率」是不會有人知道的，而埼玉縣的人口也時時刻刻在增減。因此，就邏輯而言，這題的機率應該以「人口×藝人出道爆紅的機率＝人

平均發生 λ 次的事件，
發生 k 次的機率是

寫寫

$$\dfrac{e^{-\lambda} \times \lambda^{k}}{k!}$$

e：2.7182…
每次都一樣
λ：原有的平均次數
k：會發生 k 次

λ ＝ 埼玉縣每年平均有 1 名藝
人爆紅，所以等於 1

k ＝ 1 人爆紅的機率為何

$$\dfrac{e^{-1} \cdot 1^{1}}{1!} = e^{-1} = \dfrac{1}{e} = \dfrac{1}{2.7182\cdots} = 0.3679\cdots$$

約 37%

k ＝ 2 人爆紅的機率為何

$$\dfrac{e^{-1} \cdot 1^{2}}{2!} = \dfrac{\frac{1}{e}}{2 \times 1} = \dfrac{1}{2e} = \dfrac{1}{2 \times 2.7182\cdots} = 0.1839\cdots$$

約 18%

數」來計算，但**這樣的計算根本就不合理**。

相信大家應該都聽過身邊有人人說：「每年大概會有一個奇怪的傢伙來上班～」，或是「每年大概有五個人莫名其妙地辭職」吧。

這代表，不管母樣本的人數如何增減，或是發生的機率如何變動，每年都會產生某種固定的數值，這個情況其實比想像中來得多，所以我們才能斷定，卜瓦松分布的應用範圍很廣泛。

●專欄

　　讓我們最後再討論下面這個範例吧。

　　　　「七王子醫藥中心」（這是虛擬的醫院）夜間急診室，平均每 4 天會將一位病患從急診室送到加護病房。加護病房共有兩張病床，如果病床全滿，急診室就會被迫拒收病患。請問拒收病患的機率有多高？前提是急診患者的入院機率符合卜瓦松分布。

　　急診病患入院的機率不太高，所以將這個問題假設「符合卜瓦松分布」還不算太離譜。「四天一次」代表 1 天的平均是 0.25（$\lambda=0.25$）。接下來就利用試算表軟體來計算今晚有 k 位急診病患入院的機率。經過計算，今晚剛好會有三位急診病患入院，而病床不足的機率的為 0.203，超過三位病患入院的機率則約為 0.22%。因此七王子的所有醫護人員可以好好地睡一覺了。

第 4 章
推論統計

這一章要談的是有關「推論」的內容。統計學大致可分成「敘述統計學」與「推論統計學」兩種，前者是我們前面幾章談的內容，後者則是接下來要介紹的內容。敘述統計學與推論統計學之間，最明顯的差異在於「手邊到底有沒有拿到全部資料」。還記得嗎？之前的「直方圖」是在資料完整的情況下才畫出來的。分析收集到的資料，就是敘述統計學的主旨。而接下來要介紹的「推論統計學」，則是要從局部去推論全貌。推論統計學**可說是統計學的精華**，希望大家能一起努力地弄懂。前面提到「部分資料」，我們可從下面的範例了解何謂「部分」。

某種電燈泡在型錄上寫著「使用壽命 1000 小時」。拿 3 顆電燈泡進行實驗後，發現使用壽命分別為 800 小時、950 小時與 960 小時。請問型錄的廣告是否誇大不實？

產品的「使用壽命檢測」，理論上沒辦法全面進行檢查（把電燈泡全檢查一遍），因為只要一經檢測，產品的壽命立即告終，所以當然不可能全面檢查。因此這部分就屬於推論統計學一展長才的情況。除了產品檢測之外，還有許多「無法取得所有資料」的情形，例如「貴重物品的檢測」、「無法對未來的數據進行檢測」，或單純只是「資料數量過於龐大」，這些都是十分常見的情況。基本上，推論統計也屬於機率計算的一種，因此可將推論統計視為「『大致』符合常態分布」。

不可能進行全面檢查的例子

1 耐用度檢測

一枝原子筆可以畫出幾公尺的線？

如果全部試一遍就不能賣了。

2 保存期限

罐頭的保存期限有多長？

要是存放到超過期限

就全部都壞掉了～什麼也不用賣了

喔喔～

3 政黨支持

雖然可以詢問每位選民的意見（拼命一點的話）……

請問一下～

但是……

① 過於費工也耗費成本。

② 也過於耗費時間。

③ 在詢問的過程中，有些選民會過逝，有些新選民會產生。

結論是很難全部都問。

→ 這就是可從「部分」推測整體的「推論統計」的範例喔。

前一節最後，我們提到了「大致符合常態分布」，有「大致」這兩個字，就代表有例外。這實在讓筆者我十分痛心啊，但是若寫成：

**「完全符合常態分布」是不實的說法，所以才不得不
加上「大概」兩字。從讀者的立場來看，就算有
「大致」這兩個字，卻不知道何時能用，何時不能用，
結果反而完全不會用。**

由於只能寫成「大致符合常態分布」，所以現在筆者要說明為什麼只能這樣寫的原因，等說明完畢，再告訴大家該怎麼辦。

還記得「中央極限定理」嗎？這個定理的主張是「任何樣本都可利用常態分布逼近」，所以我們之前已經利用過常態分布來逼近試行次數 n 為大數的二項分布。

但另一面，也有常態分布無法逼近的情形。最具代表性的就是「體重的分布」。調查某班級的「身高分布狀況」，大致可以期待得到單峰分布的直方圖（正確來說，身高的分布狀況不會是常態分布，但一般主張以常態分布來說明身高的分布，並沒有太大的誤差）。

不過體重的分布卻完全無法預測。像這樣「不知道原始資料的分布情況，卻任意套用常態分布來分析，只會得到毫無意義的結果」。那麼該在何時才能假設為常態分布，又該是何時才不能假設為常態分布呢？

一切都是 Case by Case。

我們已知，母體的分布是呈常態分布，不過體重這種會因想法而產生極大變化的調查主題，就是不符合常態分布的「例外」，而且更糟的是，沒有一種方法可以斷定所調查的主題是否「例外」，只能視每次情況不同而定。這也是為什麼筆者在此只能寫「大致符合常態分布」的原因。

接下來要說明，讀者該如何判斷調查主題，是否為常態分布的例外。目前就筆者的調查所知，市面上還沒有一本書針對這點作說明，想必這是因為目前學術界還沒有一致的定論。筆者這樣快速做出「**沒有統一見解**」的結論，大概會被「專家學者」圍毆，所以當然要寫成「目前沒有任何一本書有說明」才比較安全啊，**不過為了各位讀者**，筆者還是打算不顧自身安危，決定公開「個人的方法」。

有關這部分的說明，純粹是筆者個人的方法，請大家徹底了解後再加以運用。千萬別隨口對其他偉大的老師說，「可是，大上老師說是這樣的耶，你看」，這樣可就將筆者我推入萬劫不復的境地。萬事拜託囉。

①就常識來判斷

這裡所說的常識，指的是：「常態分布基本上是一種『誤差』的分布」。如果目標很明確，分布情況就會逼近常態分布；反之，如果目標不清，分布情況就會與常態分布背道而馳。

例如體溫「平均約為 36.5 度」，如果將每個人體溫的差異視為誤差，這樣的誤差就應該會呈現常態分布。又如「市內大眾澡堂的溫度」大概都是以客人會覺得「剛好的溫度」為目標（業界默契），所以洗澡水的溫度，也大致符合常態

我們繼續任意「假設」符合「常態分布」的喔。

這個這個

如此計算下去。

又在隨便了喲～

就實務而言，有相當多的情況都是可以套用「常態分布」的喔。

這樣實在太棒了！

輕鬆多了呀！

◎根據經驗，假設為符合常態分布才好算

例子有：

・身高 ← 但很多人認為這樣假設不妥

・工業製品、抽取資料、射飛鏢得分

・（單峰分布的情況下）的考試得分

要看直方圖才可確定，

◎不適合假設為常態分布，例子有：

・體重 ← 分布很凌亂，不會呈現單峰分布 尤其是成人

・（非單峰分布的情況下）的考試得分

分布。

　　反觀體重卻沒有這種所謂的「目標」，而且每個人的體重都有很明顯的差距，所以根本就無法符合所謂的常態分布。假設要統計的是男女混合 100 公尺短跑成績由於這是一種容易出現「雙峰分布」的題目，也不可利用常態分布來逼近。這種常識已經是無人不知，簡單來說，當你

懷疑結果是否會呈現鐘形分布時，

如果覺得不會呈鐘形分布，就不會是常態分布。

②多多調查

　　現在當然要用網路搜尋！不懂的事情，可能早已有人調查過。所以某種分布是否符合常態分布，可以透過網路或文獻來調查。許多領域都會用到統計學，而且出版了不少相關書籍，例如「以護士為研究主題的統計學」或是「以社會調查為主題的統計學」等主題。

③繪製直方圖

　　直方圖必須要收集一定程度的資料才畫得出來，但隨著經驗增加，慢慢地你就會知道是否可畫出單峰分布的直方圖。具備單峰分布的直方圖不一定就符合常態分布，**但如果不具備單峰分布，則一定不可能符合常態分布。**辨識圖形的能力，是判斷是否符合常態分布的最佳利器。

④進行適合度檢定，或是計算峰度、偏度

　　「適合度檢定」會到附錄②再說明，簡而言之，「適合度檢定」就是利用數學／統計，來驗證結果是否「呈現常態分布」，而峰度與偏度就像是平均數與變異數，都是根據資

料計算所求得的一種數據＝統計量（參考63頁）。

由於常態分布的峰度等於 3*、偏度等於 0，所以可根據資料計算這兩個指標，看看這兩個指標是否分別接近 3 與 0。但到底這兩個指標要多少才算接近，這就是很難判斷的問題了。

⑤努力研究數學

精通數學的人，可以致力於利用數學驗證是否符合常態分布（以極限來計算機率分布，找出符合常態分布的結果），不過再怎麼精通數學，不一定就代表能夠算得出來，必須先了解這是一道十分艱難的問題。如果可以把題目看成是一項狂熱的興趣，就像筆者我一樣，喜歡研究相關數學題目，無論純粹當作興趣，或是以專業方式進行研究，都很不錯。但建議大家還是透過其他方法來研究。

⑥直接「假設為常態分布」

就現今的時代而言，一篇論文已不能只是列出一堆資料。但如果已經進一步分析資料，卻還是無法得到分布狀況，那就無法繼續研究下去。如果過去沒人做過類似的研究，或是由常識或外觀來判斷，都覺得應該是常態分布，可在論文裡加註「根據直方圖的形狀，可假設此次分析符合常態分布」，這應該是一種可被接受的做法。如果能夠另外以適合度檢定來印證，就更能增加分析結果的可信度。

*常態分布的峰度，也有零的定義！

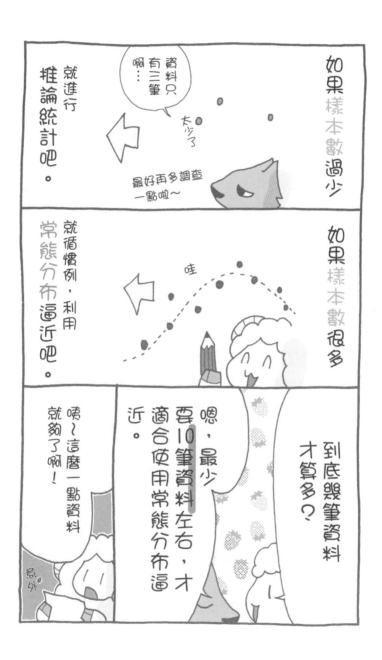

如果樣本數過少

啊…資料只有三筆

太少了

最好再多調查一點啦～

就進行推論統計吧。

如果樣本數很多

哇

就循慣例，利用常態分布逼近吧。

到底幾筆資料才算多？

嗯，最少要10筆資料左右，才適合使用常態分布逼近。

咦～這麼一點資料就夠了啊！

意外

⑦受到統計專家的批評

就筆者個人而言，**這一點恐怕是最重要的**。先假設資料呈常態分布，並非一件壞事（只要別太離奇就好）。不過這世界**到處都是**未曾見聞的事情，老實說，有很多分布筆者從來沒看過。

因此，或許會有某位十分「親切」的人，在看了你的研究論文之後告訴你：「你的研究是不是使用△△分布來分析會比較好啊？」若真有人如此親切，不妨道謝並跟對方說，「好，那我就用△△分析看看吧」。如果讀者已經依照①～⑥的步驟進行調查，那麼就可以假設資料呈常態分布。

⑧放棄

資料與常態分布完全不吻合，或甚至根本沒有適當的分布，此時只能罷手，不再以統計來分析。**不一定每個問題都找得到答案**，不像考試題目一樣永遠有正解，若資料呈雙峰分布，大概就無法進行統計。

一旦遇到這樣的問題，只能回過頭來檢討問卷的出題方式，或是回到前一個步驟重新來過。就實際操作而言，與其費心地找出分布函數，倒不如改變問卷的調查方式，讓結果呈現常態分布，更加有效。

這裡說的「放棄」是指放棄對資料進行統計，而**不是叫大家放棄自己的論文或報告**。

在撰寫論文或報告的整段過程中，統計如滄海一粟般地渺小，因此，若無法繼續進行統計分析，不妨暫且退一步看清目前的狀況。

　　因此，接下來本書後面的篇幅，基本上都以常態分布為主題。

接下來，我們想從一部分樣本，來推論整體資料。「整體資料」是什麼意思呢？簡單來說，**就是整個直方圖的意思**。依照不同的狀況，有時可以先掌握某些推論所需的線索，建議大家盡可能掌握這些線索，才能讓推論的準確度大幅提升。下面就讓我們利用實際的範例來說明什麼是推論統計學。

有一個箱子裝滿了彈珠。測量其中三顆彈珠的重量，發現分別為 10.0g、10.0g、9.7g。請問箱中彈珠平均每顆的重量是多少？

遇到這類題目，第一步要先**預測母體的分布情況**。

推論統計學常用到「樣本〇〇」與「母體〇〇」。由全體取出的部分資料稱為「樣本」，以此題來說，就是題目裡的「三顆彈珠」，而這三顆彈珠的平均重量就是「樣本平均數」。題目中「箱中彈珠平均每一顆的重量是多少？」以統計術語來說，就是要計算「母體平均數」。如果把上面的題目以專業術語來寫，可改寫如下：

母體為「放在箱中的所有彈珠」。從母體取出三顆樣本，並測量這三顆樣本的質量，結果分別為 10.0g、10.0g、9.7g。請問母體的平均質量為何。

看起來並不難嗎？那是因為你已經習慣專業術語囉。

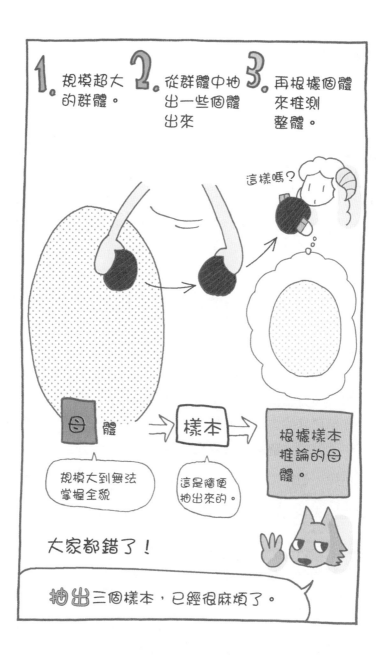

　　本書為了方便，把樣本相關的，稱為「樣本○○」，同時把整體資料相關的，稱為「母○○」，而「母○○」又可以稱為「母體」。不管是樣本平均數或變異數，「都可以進行分析」。母體雖然有時候「可以由局部來窺見整體」，但在大多情況下「根本不知道整體狀況」。如果忘了這個前提，可能就會陷入迷思（這個迷思卻經常容易忘掉），所以請大家千萬要記得囉。

　　話說回來，就是因為不知道母體狀況，才需要根據樣本資料來推論。但是以樣本推論母體，方法

有成千上萬種，而且每本書用的都不一樣。

　　想必大家一定會想問：「那該用哪一種才好？」老實說，用哪種方法都可以。正所謂熟能生巧，只要熟練，你常用的就是最好的方法。雖說如此，但如果尚在選擇「用哪種才好」的階段，**建議選擇容易使用的方法**比較妥當。即便是奧運選手，也得慎選工具，如果勝負只在 $\frac{1}{100}$ 秒之間，利用工具比別人快 $\frac{1}{10}$ 秒，是件很有意義的事，只不過對於一般人來說，快 $\frac{1}{10}$ 秒根本就是毫無意義的舉動。

　　統計也是一樣，例如專門以統計來決定股票買與賣點，區區幾個百分點的預測誤差，就足以讓交易人遭受極大的損失，足以決定輸贏。但是一般人就算換了比較好的分析方法，讓預測的精準度提升幾個百分點，也不會真的賺到很多錢。

研究假設的正確性，或是再三檢視問卷的設計，才能真正有效進行分析，比選用什麼分析方法都重要。有些事真要說到深處，那可是說上三天三夜也說不完，所以請各位讀者務必先透過本書，學會「經典的分析方法」，才可再討論其他進階的應用。

從本節開始，經常會出現相同的文字。以「平均數」為例，可分成「樣本平均數」、「母體平均數」、「從樣本平均數推論的母體平均數」三種。雖然每次使用「從樣本平均數推論的母體平均數」這樣的敘述，會讓文字內容變得更難懂，但本書還是堅持要這樣做。各位讀者在閱讀書籍時，請務必循序漸進，讀完整本書，以了解書中所有文字的意義，**否則就會越讀越不懂，反而走火入魔。**

由於內容複雜，統計才會如此困難啊。

喔———　　　　　咩———

　　開場白已大功告成，接下來就讓我們一起來推論母體吧。首先要推論的是母體平均數。超簡單的喔。

**　　母體平均數是以「樣本平均數」推論求得。**

　　這是從單點直接推測母體平均數的方式，稱為「點估計」。若寫成符號吧，當母體平均數為 μ（mu），樣本平均數為 m，母體平均數的估計值為 $\hat{\mu}$ 時，

$$\hat{\mu}=m$$
（$\hat{\mu}$為未知數）

　　其中 μ 是未知數，所以不能寫在算式裡。母體本來就是如此渾沌不明，所以本書是以 μ 與 $\hat{\mu}$ 來區別。有些書會直接寫成「μ＝m」，但讀者就必須將「μ」自行解釋成估計值，而不是母體的平均數。

　　對熟悉統計的人來說，（母體本來就難以估計，所以這裡是以常理來推斷）這沒什麼問題，但換成不懂統計的人，可就看得一頭霧水了。因此筆者才會對那些**懂統計的人才能看得懂的「入門書」**存有疑問。**這種「入門書」，若缺乏統計知識就無法讀懂**，反而讓統計這門學問變得更加深不可測。

　　現在，讓我們再做一題試試看。

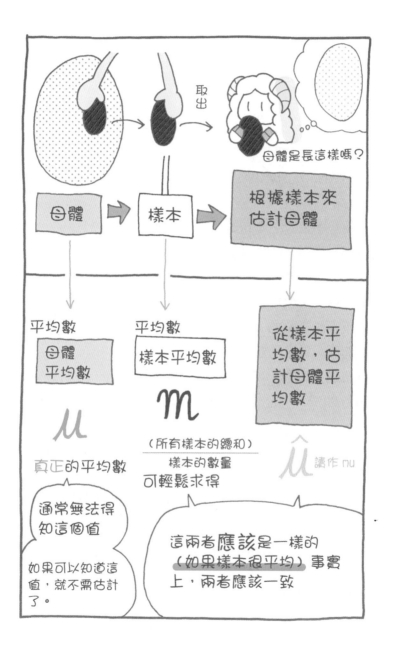

在 40 名學生的班級，進行數學測驗後，A 同學與其他兩名同學在聊天。

A 同學：「喂，B，你考幾分？我考 80 分喔。」

B 同學：「我啊？我考 90 分，這次考得特別好，C 你呢？」

C 同學：「我這次考 100 分喔。」

A、B：「早知道不問了！」

請問，這個班級的平均分數應該是多少？

就這題來看，全班的分布為母體的分布，全班的平均數為母體平均數，樣本為 A 同學 80 分、B 同學 90 分以及 C 同學 100 分。由於班級導師知道所有同學的成績，不需要猜測母體平均數，但學生們只知道部分成績，所以只能以推測的方式來猜測全班的分數。

前面說過，母體平均數最好是利用樣本平均數來推測，而就這題（A、B、C 平均數為 90 分）來看，可推論全班的成績為 90 分。若能得到更多樣本數，「當然就能更加精準地推論」。

不過，就常識來看，讀者是否會覺得「平均分數 90 分的班級」很奇怪呢？

這道題目其實是在問，A **同學的成績到底在班上算好還是不好**。由於現階段還不清楚，所以只能將 A 同學等人的成績，視為**隨機抽樣**的結果，先以「樣本平均數來推論母體平均數」。

以「A 同學」、「B 同學」等特定名稱為樣本命名，是屬於待會要介紹的「隨機抽樣」篇章。

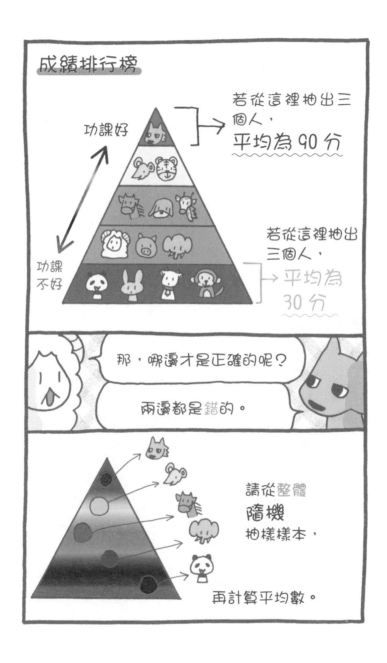

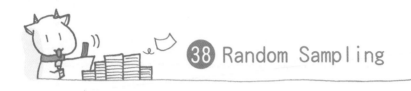
　　「Random Sampling」就是「隨機抽樣」的意思，若要以一句話說明「隨機抽樣」，就是「隨意選出樣本」。如果事先向大家公布要突擊檢查，豈不是一點意義也沒有，因此必須「隨機抽樣」。

　　推論統計的理論，奠定於隨機抽取樣本的前提，因此若不符合此前提，就只會做出毫無意義的計算結果。筆者還是老話一句提醒，本書所介紹的推論統計，基於以下兩個前提：

・**必須為隨機抽樣。**
・**必須呈常態分布。**

　　只要不符合這兩項前提，計算結果就毫無可信之處。但值得注意的是，**雖然我們說這樣的結果不具有意義，但卻是可以計算驗證的**，因為統計的結果本來就必須被檢驗是否符合上述前提才能使用。除了報紙的民意調查，任何問卷都應該說明「樣本的抽樣方式」，例如「利用電腦隨機挑選電話號碼，再進行電話訪問」或是「隨機採訪街頭衣著時尚的女性 100 位」，而抽樣時，到底是多麼「隨機」抽樣，將決定統計的公信力。一般來說，越是強調隨機抽樣，進行統計的成本就越高。可見，要做出具有公信力的統計結果，可是一件耗費物力、人力的事喔。

情色雜誌中，經常出現的問卷調查「魔術」——

「東京女高中生發生初體驗的平均年齡為17歲！」

耶

耶

【疑問1】
東京的哪裡？應該不可能把東京的女高中生全部問一遍吧？

【疑問2】
進行調查時，還沒有過初體驗，同時打算一直保持處子之身的女高中生，又該如何計算？難道不列入計算？

我被騙的好慘啊～～！！

是不是真的隨機抽樣，絕對得好好監督啊。

「母體平均數可由樣本平均數推論」，是一種屬於推論統計的理論之一，所以樣本必須以隨機抽樣為前提。在前面的例子裡，讀者如何看待 A 同學與 B 同學這兩個「樣本」呢？很令人迷惑吧。如果你把這兩個樣本的可信度視為「應該有八成（即便是樣本）」，統計結果（此時全班平均分數會被推測為 90 分）的可信度也在 8 成左右。如果你覺得這兩個樣本根本是在「非隨機抽樣」的情況下產生的，那後面的統計結果，也就毫無可信度可言。

　　每個人都可以對同一筆統計結果有自己的解讀。雖然在樣本不是隨機抽樣的情況下，不能使用推論統計的理論，但或許可以改採其他的推論方式，例如以「我這次考得比較好，全班的平均分數大概少我 10 分，也就是『$\mu＝$我－10 分』」的推論方式。

　　這些方法都很實用，而且**可能比一般的推論統計還更可信賴**。不過這類**特定情況的推論方法，通常都得在事前掌握資訊的情況下才能成立**，但就是因為在正常情況下，我們都無法事先掌握資訊，所以才需要使用統計。所以當我們要借助統計的力量掌握資料的全貌，最好還是盡可能地隨機抽樣，使用一般的統計方式來估計，才是真正符合理論的做法。

　　經過上述說明，此例題的答案應該是「只有這些資訊，所以算不出全班平均數」，不過這種題目是不可能出現在統計考試中，因為考題一定會被設計成具有標準答案，例如下面這道題目。

在 40 名學生的班級，進行數學測驗後，隨機抽樣兩人的成績，結果都是 100 分，請問全班平均為幾分？

依這道題目，可以這樣回答「由樣本平均數推論母體平均數，應為 100 分」。大家都知道「全班平均 100 分是不太可能的事」，但如果依照統計的規則，就會得到這樣的答案。題目裡看似尋常的「隨機抽樣」，其實對答案會造成相當深刻的影響。

39 母體變異數與不偏變異數

　　接著一起來估算母體變異數吧。變異數已經在 57 頁說明過，就是「各筆數據與平均數的差，平方之後加總，再除以平均數」。寫成公式，將平均數以 μ 代替，就會寫出下列的變異數公式，

$$\frac{\Sigma\,(\,x-\mu\,)^{\,2}}{n}$$

　　公式可見，以 n 來除以總和，因此相信會有人質疑：「若 n 過大該怎麼辦？」所以有人以 n－1 代替 n，並將這樣除出來的結果稱為「不偏變異數」。一般在推論統計中，

都將不偏變異數，視為是母體變異數的估計值，

　　如果要詳究為什麼，只需要分析樣本變異數與母體變異數之間的關係，就能發現是因為「樣本變異數過小」。我們在講解平均數時曾經提過，樣本平均數可用來推測母體平均數，是一件極為理所當然的事，因為平均數是個很特殊的數值。

　　讓我們透過實例來說明吧。

　　有 100 張寫著 1 到 100 的卡片。雖然我們知道 100 張卡片的母體平均數為 50.5，也知道母體變異數為 833.25，但還是暫且先把母體假設為「一群不明確的數字」。

　　接著讓我們取出三張卡片，當成樣本。就假設抽出的是 14、68、42 這三張吧。計算這三個樣本的平均數與變異數，就會得到下列結果。

1	2	3	樣本平均數	樣本變異數	不偏變異數
14	68	42	41.33333333	486.2222222	729.3333333

…這樣說明應該還是看不懂，讓我們重覆進行*「抽取三張卡片」的作業吧。

1	2	3	樣本平均數	樣本變異數	不偏變異數
14	68	42	41.33333333	486.2222222	729.3333333
88	15	47	50	892.6666667	1339
61	98	23	60.66666666	937.5555556	1406.333333
⋮	⋮	⋮	⋮	⋮	⋮
這些值的平均			49.3	558.2	837.3

讓我們重覆進行4000次「取出三張卡片」的作業，再來計算平均數。接著，再分別計算「樣本平均數的平均數」、「樣本變異數的平均數」以及「不偏變異數的平均數」，得到的結果是 49.3、558.2、837.3。我們當然不可能真的抽4000次，而是利用試算表軟體，重覆4000次隨機抽樣三張卡片的作業。由於是隨機抽樣，所以如果各位讀者真的照著做一遍，也不一定能得到上面表格裡的結果，**但大概會看出「樣本平均數的平均，等於母體平均數」、「不偏變異數的平均數，為母體變異數」**這兩個結果。這種透過「重覆檢驗來計算平均數，並藉此平均數逼近母體的性質」，在統計用語裡稱為「不偏性」。不偏變異數是以「n−1除出來的變異數」，但因為是以n−1來除，所以才會將這種具有不偏性的變異數，稱為不偏變異數。而「平均數」之所以不說是「不偏平均數」，是因為平均數本身就具有「不偏性」。

*取出的卡片會再放回卡片堆裡，重新隨機抽樣。

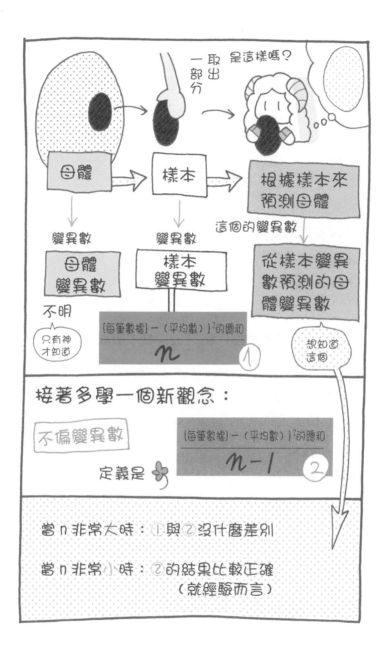

這些都可以利用數學來證明，但簡單來說，我們只要知道**母體變異數可透過不偏變異數（而不是樣本變異數）來推測**就夠了。

話說回來，到底是否具備不偏性，這件事根本不會在樣本數夠多的時候產生影響。n與n−1的差異，在 4 與 3 時比較明顯，但如果是 771 與 772，那就沒什麼差別了。

同理可證，敘述統計把「n 為大數」當作第一前提，所以不管是使用一般的變異數還是不偏變異數，算出的結果都不會有太大的不同。反之推論統計是以「n 為小數」為前提，這個時候使用不偏變異數來計算比較好。

兩者的定義告訴我們，樣本變異數與不偏變異數之間，具有的關係如下：

$$（不偏變異數）= \frac{n}{n-1}（樣本變異數）$$

有些書可能會把不偏變異數解釋成：「不偏變異數比樣本變異數少了 $\frac{1}{n-1}$」，其實說的就是上面這個公式，這些公式或解釋都是以單點資料來推測母體變異數，所以都屬於點估計的一種。

完成了！

40 專業術語已死

如果讀者們只讀本書，那這節算是多餘的，但如果大家還打算延伸閱讀其他的統計書籍，有些事情想要先請大家注意，就是統計學裡「有很多令人不知其意的專業術語」。

以「樣本變異數」為例，本書將樣本變異數定義為「樣本的變異數」，但有些書卻定義為「從樣本的變異數所推測的母體變異數」。而將如此不同的解釋寫成公式，前者是以「n 為分母」的式子，後者則是以「n－1 為分母」（相當於本書中的不偏變異數）。為了了解「哪邊才是正確的？」筆者翻閱了數學辭典，發現裡面的解釋是：「樣本變異數：V $=\frac{1}{n}\sim$（但有時是 $\frac{1}{n-1}\sim$）」，**像這樣「但有時是～」的說明，真是夠了**。

也就是說，數學辭典也承認出現在不同統計書籍裡的定義，這**對我們來說實在太麻煩了**，明明專業術語就該能夠嚴謹而正確地代表其背後的專業知識，但用來定義「樣本變異數」這個術語的式子，卻如此地不明確，所以這種會隨著解釋而產生不同意義的術語，**根本稱不上專業術語**，毫無區別，也代表「樣本變異數」這個專業術語早已死去。

我們在講解「變異數」曾說過，變異數對應的不是「分散程度」，而是對應計算方式，所以那時才會說「變異數大小不代表分散程度」。但是就連如此單純的公式，對應的術語也不只一個，**所以統計才會這麼困難**。請大家在閱讀不同的統計書籍時，一定要先確認專業術語的定義。

統計學中常使用的代號

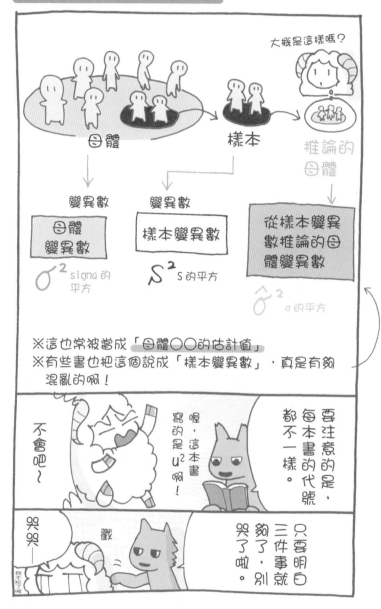

大概是這樣嗎？

母體　　　樣本　　　推論的母體

變異數　　變異數

母體變異數

σ^2 sigma 的平方

樣本變異數

S^2 S 的平方

從樣本變異數推論的母體變異數

$\hat{\sigma}^2$ σ 的平方

※ 這也常被當成「母體○○的估計值」
※ 有些書也把這個說成「樣本變異數」，真是有夠混亂的啊！

要注意的是，每本書的代號都不一樣。

喔，這本書寫的是 u^2 啊！

不會吧～

只要明白三件事就夠了啦，別哭了啦。

哭哭──

戳

我才沒哭咧

前面幾節我們已經利用樣本平均數來估計母體平均數了，但筆者想讓這個估計的力道再更強一點，這時候就讓「t 分布」上場囉。讓我們按部就班地說明吧。我們在 116 頁的時候說過「X 與 Y 從同一個常態分布 N（μ, σ^2）求得時，X＋Y 的分布符合 N（$2\mu, 2\sigma^2$）」。

把 X 與 Y 視為樣本 1 與樣本 2，假設抽出 n 個樣本（X 與 Y 這兩個英文字母不夠用），故樣本為 $X_1, X_2, \cdots, X_n$。此時，$X_1＋X_2＋\cdots＋X_n$的分布會符合 N（$n\mu, n\sigma^2$）（114 頁規則③），但「$\dfrac{X_1＋X_2＋\cdots＋X_n}{n}$ 的分布」又會是什麼呢？根據 114 頁規則⑤（把 n 倍換成 $\dfrac{1}{n}$ 倍），應該會是「N（$\mu, \dfrac{\sigma^2}{n}$）」。

令人意外的是，這裡的「$\dfrac{X_1＋X_2＋\cdots＋X_n}{n}$」就是**樣本平均數**。

這代表從常態分布的母體抽取樣本時，樣本的平均數會遵循 N（$\mu, \dfrac{\sigma^2}{n}$）。樣本數（n）越大，變異數就越小，而本書將「分布的變異數變小」解釋為「所有樣本逼近某個數」。我們已經知道，樣本平均數的 n 越大，越接近母體平均數（這就是所謂的一致性）。

要理解「樣本平均數符合 N（$\mu, \dfrac{\sigma^2}{n}$）」，對初學者來說可能有點門檻。「1 次抽取幾個樣本」或「重覆進行抽取樣本的作業」兩者很容易混淆，但其實「樣本平均數的分布」指的是後者。

讓我們回到主題，好不容易了解「$N\left(\mu, \dfrac{\sigma^2}{n}\right)$」，卻也不用太開心，因為知道了母體變異數，自然就能了解「$N\left(\mu, \dfrac{\sigma^2}{n}\right)$」，但大多數時候，是不會知道最關鍵的母體變異數。

因此才要派 t 分布上場。

下面是 t 分布的定義。

*本書之前皆以 m 代表樣本平均數，但為了更容易看懂樣本 $X_1, X_2\cdots$ 的平均數，則改以「$(\overline{X})$」來代表。

t 分布

從母體平均數 μ 的常態分布，抽出 n 個獨立樣本 $X_1, X_2, \cdots, X_n$，這些獨立樣本的樣本平均數為 $\overline{X} = \dfrac{X_1 + X_2 + \cdots + X_n}{n}$，

不偏變異數為 $U^2 = \dfrac{\Sigma_{i=1}^{n}(X_i - \overline{X})^2}{n-1}$，檢定統計量 $t = \dfrac{\overline{X} - \mu}{\sqrt{\dfrac{U^2}{n}}}$ 將

符合自由度 $n-1$ 的 t 分布。

t 是個不可思議的數字，其中「t 分布」中一切資料都已查明，最令人感到不可思議。由於「t 分布」已知，從樣本算出來的值也是已知，因此只要找出 t，就只剩下「母體平均數 μ」未知。讓我們研究一下實際的例子吧。

某製造商檢測電燈泡壽命，得到 120、140、160 小時的檢測結果。請問，隨機取樣一顆電燈泡，使用壽命不足 100 小時的機率有多高？假設電燈泡的使用壽命符合常態分布。

*有人認為電燈泡的使用壽命較符合「指數分布」，但本書仍假設符合常態分布。

解答

　　由於樣本的平均數為 140，所以母體平均數的估計值也為 140。樣本的變異數為 $\frac{800}{3}$，但由於樣本數過低，所以不偏變異數為 $\frac{800}{2}=400$，而母體變異數的估計值則為 400。母體變異數的平方根為 20，若將此結果視為標準差，「電燈泡的使用壽命低於 100 小時」代表低於平均數 40 小時。以標準差來計算「−40 小時」，可得到「低於−2」。而「−2」於標準常態分布的機率為 0.0227…約為 2.3%。

　　這道問題可透過常態分布得到解答，大概是高中程度的題目而已。這道題目高中程度就能回答，因為只需要使用點估計，就能明確定義母體的分布情況。不過這裡的樣本數太少，不能確定可信度。

　　請再做一題。

　　某製造商檢測電燈泡壽命，得到 120、140、160 小時的檢測結果。請在 90% 的信賴區間內，以區間估計出這家製造商的電燈泡使用壽命。假設電燈泡的使用壽命符合常態分布。

　　「平均使用壽命」就是談論「母體平均數」。由於題目裡沒提到母體變異數（未知），所以這次必需用到 t 分布來解題。「區間估計」與「信賴區間」這兩個名詞第一次出現在本書裡，所以就讓我們先就這兩個名詞來說明。

　　我們的目的是「推論母體的平均數」。利用樣本平均數

來估計母體平均數不失為是個辦法，但其實還有其他更好的推論方式，也就是以「母體平均數是否介於某段區間」的方式進行推論。

這種「介於某段區間」的推論方式，稱為「區間估計」，而區間估計通常會附帶「○○% 信賴區間」這項資訊，但到底機率要多高，則得視情況而定，最常使用的就是90%、95%、以及 99% 這三種。

當初筆者一開始也對「90% 信賴區間」這句話產生過誤解，因為**這句話的意思並非「母體介於這個區間內的機率」**！

這次一共抽取了三個樣本，而結果剛好是 120、140、160，但如果下次再抽取三個樣本，估計值不一定會相同。雖然可以在每次抽樣之後，都以同樣的手法來進行區間估計，但所謂的「90% 信賴區間」，代表**「進行無數次區間估計之後，其中有 90% 的樣本把真值（這裡指的是母體平均數）包含在這個區間內」**。大家懂了嗎？讀個幾遍之後會覺得似懂非懂，但很可能是不懂什麼叫作「真值」，所謂真值，其實就是母體。

接下來讓我們繼續看下去。假設題目的前提與之前一致，而「進行區間估計，得先決定機率」。我們從前要計算的都是機率，這次反而要倒過來計算，不過如果計算過程變得太過複雜，很有可能會算錯，所以就讓我們使用文字來說明吧。請大家先把「單邊」與「雙邊」這個概念牢牢地記下來（88頁）。以「平均壽命是多少」為例，讓我們將「壽命較長」與「壽命較短」這兩個單邊的機率，各設定為 5%，也就等於將題目的機率設定為 90%，所以查表要查「5% 的位置」。

　　t 分布中必須先確定的，是「自由度」這項參數，但請
大家暫時將這裡的「自由度看成是『樣本數－1』」。題目中
的樣本數為 3，所以自由度就是 2。t 分布會因自由度的大小
產生不同的值，所以在查表時（利用 Excel 也是一樣）要先
注意自由度的部分。從自由度 2 的 t 分布表查詢「5% 的位
置」，可以得出「2.92」（在 Excel 裡可使用 TINV〔0.1, 2〕
這個函數的設定）。接下來就讓我們試著來解題吧。

解答

　　由於母體變異數未知，因此利用 t 分布對母體平均數 μ 進
行區間估計。假設樣本平均數為 $\overline{X}$、不偏變異數為 U^2，則檢
定統計量 $t = \dfrac{\overline{X} - \mu}{\sqrt{\dfrac{U^2}{3}}}$，此時該檢定統計量 t 符合自由度 2 的 t

分布。因此當樣本平均數 $\overline{X} = \dfrac{(120 + 140 + 160)}{3} = 140$、

不偏變異數 $U^2 = 400$ 時，$t = \dfrac{140 - \mu}{\sqrt{\dfrac{400}{3}}} = \dfrac{140 - \mu}{\sqrt{\dfrac{20}{3}}}$，而題目設定

為 90% 的信賴區間，所以在查詢 t 分布表格（5% 的位置）可

以得到 $-2.92 \leqq t \leqq 2.92$，等於得到 $2.492 \leqq \dfrac{140 - \mu}{\dfrac{20}{\sqrt{3}}} \leqq 2.92$。將

式子整理之後算出 μ 為 $106.28\cdots \leqq \mu \leqq 173.31\cdots$。

　　進行上述的步驟，可算出 90% 信賴區間的 μ 值。
　　如果現在要大家開始研究檢定統計量 t 是什麼意思，恐
怕很難理解，不過檢定統計量 t 還是有其意義存在，就如同

我們之前費心找出的常態分布公式，此處的檢定統計量 t 也是可以弄清楚其意義的，而這樣一來，這個「t」就不會是來自「神的啟示」，而是經過人類累積經驗與理論得出的成果。

只是，**要把檢定統計量 t 讓大家都懂，是一件大費周章的事，所以就讓我們利用「找出檢定統計量 t 這個不可思議的公式，就能找出包含所有資料的 t 分布」**t 分布的特色，能在母體變異數未知的情況下，估計母體平均數。

常有人說「若樣本數不足，就使用 t 分布進行估計」，這種說法其實沒錯，也很實際，但之所以透過 t 分布，全是因為「常態分布與母體變異數為未知」這個前提，若樣本數非常多，最好還是以常態分布來處理會。也就是說：「（根據前提）n 不管是大是小，都可以使用 t 分布，但如果 n 是大數，也可以使用常態分布」才是比較正確的說法。

目前我們不曾使用母體分布不符合常態分布的例子，但其實只要 n 為大數，「（樣本）平均數的分布」就可以透過中央極限定理的解釋而符合「常態分布」（如果 n 很小，則無法符合常態分布），而既然符合常態分布，也就沒有以 t 分布推測母體分布的道理了。

　　前面我們利用 t 分布，進一步估計「母體平均數」，接下來也要如法炮製，提高「母體變異數」的精確度。在諸多估計「母體變異數」的方法之中，目前公認最精準的方法就是「卡方分布」。在此我們一開始要**先從難題切入**，所以請大家不要恍神，跟緊筆者的腳步向前進。就像前面提過，t 分布使用「檢定統計量 t」，卡方檢定使用的是「檢定統計量 χ^2」。

> 將符合標準常態分布的獨立隨機變數 X_1, X_2, …, X_k
> 定義為 $\chi^2 = X_1{}^2 + X_2{}^2 + \cdots X_k{}^2$ 之後，此 χ^2 所遵循的分布
> 即為「自由度 k 的 χ^2 分布」。

　　這就是卡方分布的定義，
> **但想必大家對此根本摸不著頭緒！**

　　大部分的統計定義都是這種艱深的文字。不過只要將這個定義列成公式，我想大家一定能看懂。那麼具體該怎麼做呢？如果要計算的是「自由度」與「檢定統計量 χ^2」，只需要**查閱卡方分布表就夠了**。母體平均數會影響到自由度的大小。接下來讓我們練習題目吧。

　　某製造商在測試電燈泡使用壽命時，得到 120、140、160 小時的結果。假設電燈泡的使用壽命符合常態分布，請在信賴度 90% 區間中，估計電燈泡使用壽命的母體變異數。

　　從電燈泡的使用壽命符合常態分布這件事來看，電燈泡的壽命必須視為標準常態分布，因此轉換後的隨機變數 X（為使用壽命的估計值）應該是 $\dfrac{X-\mu}{\sigma}$（母體平均數 μ、母體變異數 σ^2），但我們不知道母體平均數 μ 與母體變異數 σ^2，所以要利用樣本平均數 m 來取代母體平均數 μ，將原本的變數轉換成 $\dfrac{X-\mu}{\sigma}$。此題的樣本平均數為 140 小時，所以檢定統計量 χ^2 為：

$$\chi^2=\left(\frac{120-\mu}{\sqrt{\sigma^2}}\right)^2+\left(\frac{140-\mu}{\sqrt{\sigma^2}}\right)^2+\left(\frac{160-\mu}{\sqrt{\sigma^2}}\right)^2=\frac{800}{\sigma^2}$$

　　這裡的 χ^2 符合自由度「樣本數 -1」的卡方分布。自由度是「樣本數 -1」，是因為我們前面以「樣本平均數取代了母體平均數」。假設母體平均數 μ 已知（視題目的假設），只需要原封不動地利用母體平均數進行變數轉換，再直接將「樣本數」當成「自由度」來查詢卡方分布表，就能輕易地算出 χ^2 的值。由於這次使用的是樣本平均數，所以自由度是 2，然後再繼續算下去。接著要做的是區間估計，根據 $\chi^2=\dfrac{800}{\sigma^2}$ 符合自由度為 2 的卡方分布這點來查卡方分布表，可以查出「95% 的點為 0.1026、5% 的點為 5.991」（以 Excel 計算，可輸入 CHINV（0.95, 2）以及 CHINV（0.05, 2）函數），結果 $0.1026\leq\chi^2\leq5.991$

　　即可算出 $133.5\leq\sigma^2\leq7797.3$ 的答案。

　　如果只是要算出答案，到這裡就差不多了，但想必大家根本不知道這個答案代表什麼意義，因為變異數本來就是一種很難懂的評價指數。算出 σ^2 的平方根之後，可以得到「標

準差」，接著可以得到 $11.6 \leq \sigma \leq 88.3$。標準差代表的是「平均數到反曲點的距離」，所以我們可以藉由標準差來想像這個分布曲線。

●「變異數」的意義

我們常說「某人很有實力」，也常說「這台機器性能很棒」，可見「實力」有很多種。

- **希望製作出一台高性能的機器**
- **希望製作出一個優於平均數的產品**

藝術作品、奧運，都是追求最佳成績的競賽。反觀下面這個指標就較為平凡：

- **製作出品質平均的產品**

「品質平均」背後的意思就是變異數很小。日式甜點達人能製作出「每個重量一致的甜點」，正是一種熟能生巧的表現，所以筆者覺得「變異數」是評量「實力」的最佳指標。話說回來，推測母體變異數所使的是卡方分布，但對一般社會大眾而言，「實力」是一種比較之後的結果，因此當我們把要比較的變異數以 $\sigma_1{}^2$、$\sigma_2{}^2$ 代表，並進一步推測「$\dfrac{\sigma_1^2}{\sigma_1^2}$ 的分布狀況」，其實就是針對兩方的變異數進行比較，而整個比較過程就稱為 F 檢定。本書雖然沒機會說明 F 檢定，但 F 檢定基本上也是「依照條件計算，然後再查表」，有興趣的讀者務必嘗試看看。

第 5 章
假設檢定

本章會用到書中所有學過的專有名詞喔！

❹❸ 假設檢定

　　假設檢定是本書最後一個主題。

　　假設檢定在統計學裡扮演了十分重要的角色。

　　假設檢定在統計學裡的確重要，筆者認為統計學是「根據機率進行判斷」的一門學問，也就是①機率計算之後②判斷，缺少任何一個就不是統計學。沒有①的統計學就只是占卜，沒有②的統計學就只是某種機率計算，但本書目前還沒有為「統計學」立過真正的定義，所以有可能筆者這樣的說法會引來許多的批判，但若只是進行機率的計算或是收集一堆資料，都不能稱得上是統計，而機率的根據只憑感覺隨便亂猜，當然也不能算是統計。請容筆者再說一次：**「只有根據機率進行判斷，才可以稱得上是統計學」**。假設檢定這個單元重點，就在於這裡所說的「判斷」，而筆者也抱著**「沒有假設檢定，怎麼能說是在做統計」**的心境來撰寫第五章。

　　話說回來，本書到目前為止做過許多「判斷」，例如螺絲工廠生產不良品的機率是否純屬偶然？電燈泡的使用壽命是否被侷限在機率變動的範圍裡？當這類題目經過機率計算，得出很低的值，我們就可以做出結論：「這不是偶發事件，一定是某個地方出了問題」。對假設進行的檢定，與這樣的過程很類似，並不是什麼數學裡的新創意。這個單元要學習的反而是統計數學與日常語言之間的對應關係。導言就說到這裡，讓我們來做一些例題吧。

任意丟 10 次骰子，其中有 8 次丟出 1 點。請問這個骰子
是否動了什麼手腳？

這個題目雖然寫得很白話，但就讓我們利用統計來驗證
「是否動了什麼手腳」這個假設吧。所謂「利用統計來驗
證」，意思就是「計算出機率，若得到偏低的機率，則可否
定此假設」。

由於把否定此假設說成「放棄此假設」，比較接近統計
人的說法，所以本書接下來都會這樣寫。雖然機率低到多少
才算是「偏低」，完全是個人的主觀，但通常只要機率低到
1% 或 5% 就算是「偏低」。**其實現在大多數的做法，都是先
算出機率才設定基準**（這真的是很「偷懶」的做法，不過現
實情況如此…）。總而言之，這個「當成基準的機率」被稱
為「顯著水準」（level of significance）。讓我們姑且設定
「顯著水準為 1%」。

接著要思考的是，假設骰子沒有動過任何手腳，要在 10
次的丟擲丟出 8 次 1 點的機率高不高。這裡可不能假設成「骰
子有動過手腳」，為什麼呢？請大家仔細想想，我們算得出
「作弊骰子出現 1 點的機率」嗎？就原理而言是不可能的，
因為「這是內藏機關的骰子」，所以出現 1 點的機率不一定
會是 $\frac{1}{6}$，換句話說，我們根本不可能知道作弊骰子每個點數
的出現機率。**詐賭的成功率完全取決於詐騙師的功力**。其他
統計書可能有「虛無假設」或「對立假設」的註解，本書後
續也會加以說明。但現在最重要的還是仔細思考「**找出可計
算的機率**」，這句話到底是什麼意思。

接下來，讓我們來想想「骰子是正常的」這個假設。

所謂「骰子是正常的」代表「丟出 1 點的機率為 $\frac{1}{6}$」，所以「10 次有 8 次出現 1 點的機率」就是二項分布的 $_{10}C_8$ $(\frac{1}{6})^5 (\frac{5}{6})^2 = 0.0000186$。**不過！**不能光憑這個結果就說「10 次丟出 8 次 1 點的機率很低」。丟 10 次骰子所可能出現的點數多達 6^{10} 種組合，而不管是哪種特定的點數組合，出現的機率都一定很低，但雖然很低，卻也不能就這樣斷言「發生了難得一見的事」，因為這就像是「全世界有 70 億人口，我卻能奇蹟地與妳相遇」這句話，其實與奇跡根本一點關係也沒有。接下來讓我們想想看「丟 10 次骰子，出現 1 點的次數分布情況」。

1 點	0 次	1	2	3	4	5
機率	0.161	0.323	0.291	0.155	0.054	0.013
累積機率	16%	48%	78%	93%	98%	99.9%

從這張表可知，最可能出現的次數是「1 次或 2 次」（平均是 $\frac{10}{6} = 1.667$ 次）」，一旦偏離 1 次或 2 次，機率就漸漸下滑，而到底允許偏離多遠的程度，就稱為「信賴度」。信賴度與風險值（顯著水準）是互為表裏的關係，從中央（平均數）向兩端延伸的方向來看，就是信賴度，而從反方向來看，也就是從兩端往中央至某處停止的指標，就是風險值。假設風險值為 1%，只要出現 1 點的次數高於 5 次，我們就可以作出結論：「發生了極為少見的事情」。而剛剛的題目告訴我們「丟 10 次出現 8 次 1 點」**機率很高**，所以在算出「丟 10 次出現 8 次 1 點」的機率之後，可將結果與風險值進行比較，就能知道骰子是否正常，也就不需要預先計算分布的情況了。

● 10 次出現 8 次以上 1 點的機率為：

$$_{10}C_8 \left(\frac{1}{6}\right)^8 \left(\frac{5}{6}\right)^{10-8}$$

- ● 1 點出現 8 次的機率
- 10 中取 8 的排列組合
- ◻ 1 點出現 8 次
- ● 1 點以外的次數為 10－8 次

$$+\ _{10}C_9 \left(\frac{1}{6}\right)^9 \left(\frac{5}{6}\right)^{10-9} +\ _{10}C_{10} \left(\frac{1}{6}\right)^{10} = 0.0000194$$

- ◻ 1 點出現 9 次的機率
- ◻ 1 點出現 10 次的機率

以常態分布逼近的算法，請看下一頁喔！

算出來的機率為 0.00194％，你怎麼看這個結果？能說是偶然發生了不可能發生的事嗎？

怎怎不平

這怎麼可能啊！一定是動了什麼手腳！

要低於幾％才算「不可能」，每個人都有自己的定義喔。

而在假設檢定的世界裡，就把這個百分比，稱為「風險值」或是「顯著水準」。

唔～

NHK 世論調查

NHK 與東體育之眼的不同

丟10次出現1點的次數為 $B\left(10, \frac{1}{6}\right)$

而以常態分布逼近之後

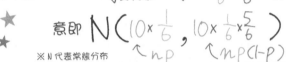
↑ n ↑ p

● 平均數 $m = np = 10 \times \frac{1}{6}$ （次）

● 變異數 $\sigma^2 = np(1-p) = 10 \times \frac{1}{6} \times \frac{5}{6}$

● 標準差 $\sigma = \sqrt{變異數} = \sqrt{10 \times \frac{1}{6} \times \frac{5}{6}}$ （次）

意即 $N\left(10 \times \frac{1}{6}, \ 10 \times \frac{1}{6} \times \frac{5}{6}\right)$

↑ np ↑ np(1-p)

※ N 代表常態分布

● 出現 8 次的機率與平均數的差為

$$8 次 - \frac{10}{6} 次 = \frac{24-5}{3} = \frac{19}{3}$$

以 σ 除這個結果

$$Z = \frac{差}{標準差} = \frac{\frac{19}{3}}{\sqrt{10 \cdot \frac{1}{6} \cdot \frac{5}{6}}} = 5.374$$

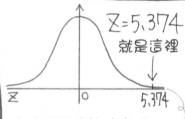

$Z = 5.374$
就是這裡
↓
Z   O   5.374

這裡的面積等於出現
● 8 次 1 點的機率

若表中查不到的值太
小，可直接忽略喔。

從標準常態分表
居然找不到 5.374
這個值耶～

該～怎
麼辦～
呢

如果一定要查出這
個值，可使用
Microsoft Excel！

① 從選單點選「公式」→「插入函數」→
　「選取分類」→「統計」，然後在「選取函
　數」欄裡點選「NORMSDIST」

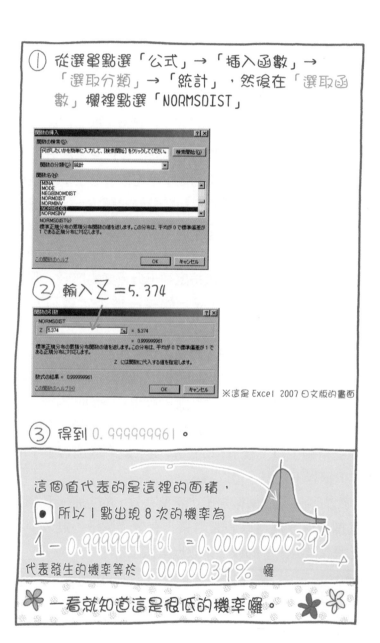

② 輸入 $z = 5.374$

※這是 Excel 2007 日文版的畫面

③ 得到 0.999999961。

這個值代表的是這裡的面積，

● 所以 1 點出現 8 次的機率為

$1 - 0.999999961 = 0.000000039$

代表發生的機率等於 0.0000039% 囉

❋ 一看就知道這是很低的機率囉。 ❋ ❋

接下來讓我們以「逼近常態分布」的方式來解「丟 10 次骰子出現 8 次 1 點的機率」這道題目吧（其實這麼低的機率可以直接利用試算表軟體計算）。由於這道題目屬於二項分布，因此 1 點出現的平均次數為 $\frac{10}{6}$、變異數則是 $10 \times \frac{1}{6} \times \frac{5}{6}$。「8 次」與平均數的差為 $\frac{19}{3}$，以標準差測量此差，可得到 5.374 倍這個結果，這個結果**不需要查什麼常態分布的表格，可以直接判斷「機率低到幾乎不可能會發生」**，順勢導出「原本的假設應該有誤」這種**統計學的結論**。如果把這個結論講得更為專業，就會變成「因顯著水準為 1%，放棄『骰子為正常』的假設」。

接著要介紹的是**在假設檢定裡十分重要的部分**。假設被否定的情況，稱為「放棄」，如果沒被否定就稱為「接受」，但更重要的是：

「接受」就是「無法否定」的意思。

或許讀者們會覺得筆者很蠢，幹嘛寫這種理所當然的事，但是筆者要請大家集中注意力來思考下面的內容，因為筆者認為這裡是能不能真正了解假設檢定的關鍵，好嗎？大家提起精神了沒？統計學的「接受」是「無法否定」的意思，但絕對不代表「可以肯定」。

比方說，某間藥廠提出「新藥有效」的主張，我們有四種選擇，也就是可以假設新藥「有效」還是「無效」，或「此假設該放棄」抑或「不該放棄假設」。

假設	該放棄	該接受
有效	否定「有效」	無法否定「有效」（★）
無效	否定「無效」（☆）	無法否定「無效」

風險值（顯著水準）1%＝信賴度 99%
風險值（顯著水準）5%＝信賴度 95%

代表非預期風險　　　代表可以信賴的程度

如果將「風險值」定為 1%…
→ 代表「骰子為正常」的假設應放棄
→ 換句話說代表骰子不正常

那我也不想
判斷失準，
所以把風險
值訂在

0.000001
吧！

嗯～

謹慎派

也可以將風險值定在
0.5%或0.01%，可看到
更嚴謹的結果，風險
值的高低全憑
個人而定，沒有
什麼特別規則。

這麼一來，剛剛連
續出現8次一點就

…

變得可
能了嗎

…
能了
嗎

變得一點也
不能挑剔

→ 這樣不太好

要勇於說
NO啊！

統計學所說的「放棄」與「接受」並非相對關係，我們會希望，當「有效」這個假設被接受（★），連帶可證明「新藥有效」，但事實並非如此。筆者想不厭其煩地提醒大家，統計學所說的假設被接受，代表的是「無法否定」，而不代表「可以肯定」。

因此所謂「無法否定『有效』」就是「不能說是無效」的意思，也代表「不能說是有效」。若你想要證明新藥有效，「新藥既非無效，也不能說是有效」**是一種很不友善的結論**，根本沒辦法證明什麼。

在這四種假設模式中，對藥廠有利的只有「無效」的假設被否定（☆），也是唯一藥廠可以聲稱「新藥有效」的情況。這也就是為什麼必須建立**放棄才具有意義的假設**，也就是必須選擇「無效」的假設，否則就等於在**進行一場沒有終點的賽跑**。

也就是因為這樣，假設檢定才會「為所主張的結論建立否定假設」，而這種「放棄才具有意義的假設」即為「虛無假設」。

④④ 各種檢定

如前所述，假設檢定可經過①建立適當的假設（虛無假設）、②機率計算、③放棄虛無假設這三個步驟來作出結論。其中，「②的機率計算」從本書一開始便詳細介紹，現在，讓我們活用敘述統計與推論統計的知識，來計算機率吧。

在二項分布的單元裡，我們已算過骰子的機率，而在推論統計的章節，則是從 t 分布來計算「電燈泡的使用壽命」。如果我們將「電燈泡使用壽命」這道題目的結尾改寫成「試檢定電燈泡的壽命是否比○○小時還長」，這道題目就成了假設檢定的問題。計算這道題目的機率，當然要用 t 分布，而使用 t 分布來計算機率的檢定，則稱為「t 檢定」。同理，如果在計算機率時，使用了卡方分布，該檢定就稱為「卡方檢定」，使用 F 分布就稱為「F 檢定」，使用二項分布當然就稱為「二項檢定」，不過筆者好像沒聽過有什麼「卜瓦松檢定」（啊，對了，卜瓦松分布基本上就是二項分布，所以卜瓦松檢定就是二項檢定……）。使用的是什麼分布，就可直接稱作「○○分布的檢定」。「t 檢定」或「卡方檢定」較為聞名，是因為大家常使用這些分布進行檢定。

另外還有一個統計術語的問題，就是本來主張的假設，被稱為「對立假設」，雖是原本的主張，卻被冠上「對立」一詞，都是因為「虛無假設」在假設檢定的地位實在太重要了，因此才讓原本的主張變成「對立」的假設，這真是一件奇妙的事（這是初學者很討厭的部分）。

題目成為假設檢定，都是因為題目的「撰寫方式」。下面這些題目都帶有解答，所以接下來就讓我們仔細研究吧。

某顆骰子丟了 10 次，居然出現了 8 次 1 點。請問這顆骰子是否動過手腳？請以信賴度 99% 加以檢定。

〔解答〕

對立假設：骰子有動過手腳

虛無假設：骰子沒有動過手腳

　　骰子丟出的點數符合二項分布。當 1 點出現 k 次以上的機率為機率 P（X≧k），要計算的機率 P（X≧8）的二項分布，可利用常態分布 N（$\frac{10}{6}$, $10 \times \frac{1}{6} \times \frac{5}{6}$）逼近，此時以

$$Z = \frac{X - \frac{10}{6}}{\sqrt{10 \times \frac{1}{6} \times \frac{5}{6}}}$$ 標準化之後，P（Z≧5.374）≪0.01，即代

表在信賴度 99%（＝顯著水準 1%）的條件下，應放棄此次虛無假設，同時應判斷此骰子有動過手腳。

　　說明書記載電燈泡的使用壽命為「150 小時」，經實際檢測，發現使用壽命分別為 120 小時、140 小時、160 小時。請問說明書內容是否妥當。請以風險值 1% 加以檢定。

　　讓我們將這題的對立假設（要主張的假設）設定為「不超過 150 小時」，表示懷疑廣告不實，買三顆電燈泡，就有兩顆使用壽命低於保證，相信不管是誰都會想要抱怨幾句的。

〔解答〕

對立假設：電燈泡的壽命不超過 150 小時

虛無假設：電燈泡的壽命為 150 小時

　　假設電燈泡的使用壽命符合常態分布。由於母體變異數未知，因此透過 t 檢定進行機率計算。樣本數共有 3 個，所以

自由度為 2。由於樣本平均數為 140、不偏變異數為 400，因此檢定統計量 $t=\dfrac{150-140}{\sqrt{\dfrac{400}{3}}}=0.866\cdots$（如果真的依造定義計算，

t 值應該是負數，但由於放棄域是負值，但絕對值較大，因此一開始就將 t 值轉換為正值，以絕對值來看 t 值。這次的題目是「與說明書宣稱的時間差別多少」，t 分布表只有正數）。當我們參考自由度 2 的 t 分布表求得 t 值之後，會得到 0.2 以上*，因此在風險值為 1% 的情況下，此次虛無假設不可放棄，代表「使用壽命達 150 小時的可能性存在」，所以基於此次統計結果，無法主張說明書廣告不實。

要注意的是，即便假設「使用壽命達 150 小時」被接受，並不代表「使用壽命」真的就是 150 小時。

*大部分 t 分布的表都不會記載「自由度 2 以下的 t > 0.866」。雖然這樣很麻煩，但在以風險值 1% 的條件進行檢定時，我們只對「機率是否低於 1%」有興趣。檢定所追求的不是算出正確的機率，而是作出正確的判斷，所以表格只需要記載「在自由度 2 以下，機率為 0.2 時 t=1.061」，因為這樣就能判定「t > 0.866 的機率大於 0.2」，得到「此次假設無法放棄」的結論。順道一提，以 Excel 的 TDIST（0.866, 2, 1）函數計算，可算出 0.238⋯（約 24%）的答案。

結語

　　各位讀者覺得這本 Medaka-College 的統計學還有趣嗎？本書在付梓完稿之後，比較過類似的書籍，發現本書有令人覺得簡單易懂的部分，卻也有因為過於淺顯而不盡完備的部分。想必每位讀者與筆者一樣，對本書有著各種感想，這很正常，筆者雖然很希望讀者**書架上擺一本我的書就夠了**，但是光讀一本書就想踏入統計的世界實在不太可能。入門書大多介紹簡單易懂的部分，很少會牽涉到艱澀難懂的部分，請大家吸收本書好的部分，並包容寫得不好的內容，盡可能提高對母體平均數與母體變異數的計算能力，因為筆者一路走來就是靠著這樣的模式來提升功力，因此希望大家能循著同樣的途徑充實自己。

　　本書每章的頁數各有多寡，第 1 章：64 頁、第 2 章：44 頁、第 3 章：40 頁、第 4 章：44 頁、第 5 章：14 頁，可以發現第 5 章的比例較低。筆者把屬於機率變動範圍檢定的第五章交給讀者。通常這樣的頁數分配，會出版編輯罵到臭頭，因為這樣的比例會讓讀者誤以為第 5 章一點都不重要。

　　筆者提過，第 5 章「假設檢定」才是屬於真正的統計學。**統計學就是根據機率所下的判斷**，計算正確的機率，並不是真正的統計學，只有根據結果作出正確判斷，才是統計學的目的。第 5 章的比例之所以偏低，是因為各位讀者在讀過前面章節的內容，已做好閱讀第 5 章的準備。學習本來就**應該是柳暗花明又一村**。

　　當然也有可能不是這麼一回事，**有可能越學越難**，無論怎麼學都覺得好辛苦。這就像是玩「勇者鬥惡龍」這套遊

戲，如果你覺得敵人太強，就請先試著跟「村落周圍的敵人」戰鬥，先了解目前自己的實力如何。希望本書可以成為各位在學習統計學過程中，「村落周圍的敵人」。

最後，要感謝細細讀完原稿後，畫出絕妙插圖的森皆neji子小姐，也要感謝硬是排入行程、校正原稿的梵天 yutori 老師、光坂老師與土谷老師，也要感謝企劃本書的科學書籍編輯部石嶋先生，以及負責本書潤飾的石井先生。同時更要感謝耐心等待原稿的益田總編輯，沒有上述這幾位貴人的協助，本書斷不可能有機會問世，真是萬般感謝他們的真摯情意，最後的最後還要謝謝各位願意耐心讀完的讀者，就讓筆者在此致上信賴度 99% 的感謝。

大上丈彥

附錄 ❶ nCk 是什麼東東啊？

機率計算常出現「6×5×4×3」這類「遞減的乘法運算」，例如，「從 52 張撲克牌裡抽出三張，會出現幾種點數與花色的排列呢？」，插出第 1 張可能性有 52 種，第 2 張則是 51 種（因為已經有一種被抽走），第 3 張則剩下 50 種，換句話說，答案就是共有「52×51×50 種」可能性，這種計算方式是將「方塊 3、紅心 6、黑桃 Q」以及「黑桃 Q、方塊 3、紅心 6」視為不同的結果。如果不考慮抽出順序的計算，就稱為「組合」，只要進一步除以重覆組合數（此題為 6 種，是從 3×2×1 計算得來的）就能算出這題的答案。如果題目改成「從 52 張撲克牌裡抽出 10 張的排列組合」，答案應該會是多少呢？很簡單，只需要將「52×51×…×43」除以重覆組合數「10×9×…×2×1」即可。

可是每次都這樣算，實在很麻煩，所以數學家為了節省時間，就創造了新的符號「!」。「n!」代表「n×（n−1）×（n−2）×…2×1」，「52×52×…×43」可以寫成「$\frac{52!}{42!}$」。此時學過的四則運算「約分」就可以派上用場了。那麼「組合數」又該怎麼算呢？

很簡單，將「$\frac{52!}{42!}$」除以重覆組合數 10!，答案就是「$\frac{52!}{42! \times 10!}$」。

這裡說的是「42!」是指「52 張撲克牌減去 10 張」，剩下42 張，所以答案其實該寫成「$\frac{52!}{(52-10)! \times 10!}$」，可整理成

驚嘆號！！　　　又稱「階乘」

$3! = 3 \times 2 \times 1$ ← 一直乘到 1 為止。
$5! = 5 \times 4 \times 3 \times 2 \times 1$
$n! = n(n-1)(n-2) \times \cdots \times 2 \times 1$

驚嘆號！

試著以驚嘆號來表現組合符號 $_nC_k$ 吧。

$$_nC_k = \frac{n(n-1)(n-2)\cdots \times \oslash}{k(k-1)(k-2)\cdots \times 2 \times 1}$$

分母與分子的乘法個數都是
k 個，所以 $\oslash = n-k+1$。

使用驚嘆號之後…

$n!$ 等於 $\underbrace{n(n-1)(n-2)\cdots(n-k+1)}_{_nC_k\text{的分子到此為止}} \underbrace{(n-k)\cdots 2 \times 1}_{(n-k)!}$

這裡是多餘的

➡ $_nC_k$ 的分子等於 $\dfrac{n!}{(n-k)!}$

➡ $_nC_k$ 的分母等於 $k(k-1)(k-2)\cdots \times 2 \times 1 = k!$

因此可以得出公式 $_nC_k = \dfrac{\frac{n!}{(n-k)!}}{k!} = \dfrac{n!}{k!(n-k)!}$

變成很簡潔的公式。

以上是本書多餘的內容。

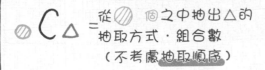

$$_{\text{○}}C_{\triangle} = \text{從 ○ 個之中抽出 △ 的抽取方式・組合數}$$

（不考慮抽取順序）

例如 從 5 個人裡，組成雙人搭檔的方法

一開始可選 5 個人 ✖ 接下來可選 4 個人

5 種

4 種

吱吱

吱吱

「雙人搭檔」代表誰先被選出來不是重點，也就是不考慮順序的意思，

其中（  ）與（ ）

是重覆的組合，所以要除以 2×1 種組合 ✳

因此答案為：從 5 人之中，組成雙人搭檔的方法 ✳✳

有 $$_{5}C_{2} = \frac{5 \times 4}{2 \times 1} = 10 \text{ 種}$$

「從 n 張抽出 k 張的組合」為「$\dfrac{n!}{(n-k)!\,k!}$」，而再進一步簡化可寫成「$_nC_k$」，這就是「$_nC_k$」這個符號的意義。

為什麼組合符號會出現在二項分布呢？這種符號雖然被命名為「組合」，但並不是只能用在計算組合數，反而可應用在與計算組合數同類型計算中，是一個偉大的發明。

其中最具代表性的同類型計算，就是二項分布。為什麼二項分布的計算裡會出現排列組合的符號呢？所謂二項分布就是 k 的機率 P_k 為 $_nC_kp^k(1-p)^{n-k}$ 所代表的分布，例如將「丟出 20 顆骰子，其中有 5 顆 1 的情況」寫成「■○■■■ ○○■■○ ■■■■■ ■■○■■」並將出現○的機率以 p 代表，出現□的機率為（1－p），因此上述情況就等於（從 20 個抽出 5 個的組合數）$\times p^5 \times (1-p)^{15}$，組合出現了。

另外，$(a+b)^n$ 展開時，$a^k \times b^{n-k}$ 的係數可以 $_nC_k$ 來代表。由於 $(a+b)^n$ 等於 $(a+b)(a+b)(a+b)\cdots(a+b)$，這裡說的展開等於是從這些 $(a+b)$ 裡選出 a 或是 b 的意思。從所有的 $(a+b)$ 裡選出 a 的組合數為 1 種（$_nC_n$ 種），以此類推，當 a 為 k 次方時，a 的組合數就為 $_nC_k$ 種，可寫成

$$(a+b)^n = {}_nC_na^nb^0 + nC_{n-1}a^{n-1}b^1 + \cdots {}_nC_1a^1b^{n-1} + {}_nC_0a^0b^n$$

這裡也出現了組合計算。任何學問或領域都會產生特別的符號與編寫法，但這兩者之間通常存在著某種關係，例如有些人認為西洋音樂之所以能如此蓬勃發展，是因為出現了能重現音樂的樂譜譜記法。設計精良的符號，可說是學術研究的最佳推手。

附錄❷ 適合度檢定

　　「適合度檢定」是一種驗證的方法「這些資料真的符合『○○分布』嗎」，而其真面目就是卡方檢定。「咦？卡方檢定不是用來計算「變異數」的嗎？」，能說出這句話，表示你真的是本書的忠實讀者啊。沒錯，卡方檢定的確是用來計算變異數的，不過正確來說，並非用來「計算變異數的方法」，而是計算「隨機變數 X 的 X^2」。一說到平方就會想到變異數，不過對學過高中數學的人來說，第一個想到的應該是「距離」，也就是以平方的總和來測量位置的差距（追根究抵，這想法跟變異數的本質是一樣的）。而這種計算方式，正是適合度檢定，計算步驟如下：

①假設符合某種機率分布，並檢定該分布是否適合。

②算出「如果符合該機率分布，檢定結果應該是這個值」，而這個值就稱為「理論值」。

③當所有理論值大於等於 5，就能進行適合度檢定。

④實際觀測所得的值，稱為觀測值。將理論值與每個觀測值的差平方，再以理論值除之，接著將所有除出來的結果加總起來，當成檢定統計量 χ^2 來進行卡方分布檢定。在此卡方為 n 項總和的假設之下，同樣分布的情況下，自由度為 n−1，二項分布或卜瓦松分布的情況下為 n−2，常態分布的則為 n−3。

　　適合度檢定的理論，包含了以二項分布逼近常態分布的原理，所以才必須設定③的限制，接下來就讓我們實際演練一下適合度檢定吧。

丟某顆骰子 60 次，出現了 35 次 1 點、2～6 點各出現了 5 次。請問這顆骰子每點出現的機率是否為 $\frac{1}{6}$。

「骰子各點出現的機率為 $\frac{1}{6}$」是一種機率分布，讓我們根據觀測值來進行適合度檢定，藉此驗證此機率分布是否恰當。題目裡沒有設定顯著水準，所以為求方便，不妨就自行決定為 10%。此題的虛無假設為「各點出現的機率為 $\frac{1}{6}$」。讓我們先做一張理論值與觀測值的表格吧。丟了 12 次之後，分布為「各點的機率是 $\frac{1}{6}$」，所以表格的內容應該如下：

骰子的點數	1	2	3	4	5	6
理論值	10 次	10	10	10	10	10
觀測值	35 次	5	5	5	5	5

由於自由度與「各點出現機率 $\frac{1}{6}$」的分布是一樣的，而骰子的點數共有 6 種，所以自由度就是骰子點數種類，減掉 1，得到 5。此時檢定統計量 χ^2 為，

$$\chi^2 = \frac{(10-35)^2}{10} + \frac{(10-5)^2}{10} + \frac{(10-5)^2}{10}$$
$$+ \frac{(10-5)^2}{10} + \frac{(10-5)^2}{10} + \frac{(10-35)^2}{10} = 75$$

此結果符合自由度 5 的卡方分布。如果卡方分布表裡有「自由度 5、$\chi^2 = 75$」的值就好了。

在自由度 5 的分布表裡，χ^2 最大只到 16.75，但「比 0.005 小（當然也比 0.1 小）」，這個資訊很重要，可以幫助我們做出結論，在顯著水準 10% 時，此虛無假設應該被放

棄。以 Excel 的 CHIDIST（75, 5）計算，同樣會算出非常小的值，而就結果來看，即便顯著水準為 10%，此虛無假設也該被放棄，換句話說，「此次骰子丟出 60 次的結果，不符合各點出現機率 $\frac{1}{6}$ 的機率分布」，我們可得此統計結論。

這個例題出現了本書前五章沒提到的「自由度不為 n－1」的情況。為什麼自由度會在「相同分布為 n－1、二項分布或卜瓦松分布為 n－2、常態分布為 n－3」呢？其實每一種分布對自由度的定義皆不同，所以筆者建議大家，可將自由度當成是「某種參數」，只是讀者可能會好奇，為什麼這些不同的定義都叫作「自由度」呢？其實就像是「每日特餐」這個餐點的名稱，我們點的每日特餐並非某個特定餐點，只是因為「每日的特餐都不同」，所以才將每日不同的特餐命名為「每日特餐」，同理可知，「自由度」就是「自由變數的數」，是存在於各種分布的共通概念。

自由變數就像是假設有 x 與 y 兩個變數，而當 x，y 彼此沒有任何關係，獨立變數就有兩個，但如果可以寫成 y＝X＋2 這樣的式子，獨立變數就變成只有一個，假設有 10 個字母，公式只有一個，獨立變數就是有 9 個。前面講解推論統計的 t 分布時，筆者提到自由度是「估計數－1」，但因為在計算檢定統計量 t 的時候，t 的算式包含了「從樣本推測的母體平均數」。n 個樣本就是 n 個獨立的資訊，但其實在計算 t 的時候，會使用這 n 個資訊求得的值＝有一個公式存在，所以自由度才會被假定為 n－1。

自由度也是一樣，「分布相同的時候為 n－1、二項分布或卜瓦松分布為 n－2、常態分布為 n－3」，以分布相同為例，最後一個理論值將自動被算出（以骰子來說，只要知道

1 到 5 點的資料，就能自動算出 6 點的資料），因此將分成
6 份的資料減去一份，就會得到「自由度為 5」。

　　大家覺得如何？果然很難吧。雖然筆者在聽完解釋後可
以接受這樣的說法，但老實說「到底該如何決定自由度」，
筆者還是充滿疑問，而且適合度檢定還有很多種，例如，
「假設原本的分布為二項分布，但以常態分布逼近該分布
時，會得出什麼結果」，如果每個都要認真研究，恐怕會沒
完沒了。這就是統計學，把深入探討自由度這件事當成興趣
就好，基本上只要能從文獻裡找出適合資料，和符合需求的
方法，然後能適切地處理資料，就表示已學會統計學。

索引

國家圖書館出版品預行編目資料

3 小時讀通統計：通往假設檢定之路 / 大上丈彥
作；許郁文譯. -- 初版. -- 新北市：世茂，
2013.10
　　面；　公分. --（科學視界；162）

　　ISBN 978-986-5779-01-6（平裝）

　　1. 統計學　2. 漫畫

510　　　　　　　　　　　　　102015712

科學視界 162

3 小時讀通統計：通往假設檢定之路

作　　者／大上丈彥
審　　訂／吳淑妃教授
譯　　者／許郁文
主　　編／陳文君
責任編輯／廖原淇
出 版 者／世茂出版有限公司
負 責 人／簡泰雄
地　　址／（231）新北市新店區民生路 19 號 5 樓
電　　話／（02）2218-3277
傳　　真／（02）2218-3239（訂書專線）
　　　　　（02）2218-7539
劃撥帳號／19911841
戶　　名／世茂出版有限公司 單次郵購總金額未滿 500 元（含），請加 50 元掛號費
排版製版／辰皓國際出版製作有限公司
印　　刷／祥新印刷股份有限公司
初版一刷／2013 年 10 月
　　二刷／2016 年 4 月

I S B N／978-986-5779-01-6
定　　價／300 元

Manga de Wakaru Tokeigaku
Copyright © 2012 Takehiko Ohgami
Supervised by Medaka College
Chinese translation rights in complex characters arranged with SOFTBANK Creative
Corp., Tokyo
through Japan UNI Agency, Inc., Tokyo and Future View Technology Ltd., Taipei

讀者回函卡

感謝您購買本書，為了提供您更好的服務，歡迎填妥以下資料並寄回，
我們將定期寄給您最新書訊、優惠通知及活動消息。當然您也可以E-mail：
Service@coolbooks.com.tw，提供我們寶貴的建議。

您的資料（請以正楷填寫清楚）

購買書名：＿＿＿＿＿＿＿＿＿＿＿＿＿＿＿＿＿＿＿＿＿

姓名：＿＿＿＿＿＿＿＿　生日：＿＿＿ 年 ＿＿ 月 ＿＿ 日

性別：□男 □女　　E-mail：＿＿＿＿＿＿＿＿＿＿＿＿

住址：□□□＿＿＿＿縣市＿＿＿＿＿鄉鎮市區＿＿＿＿＿路街
　　　　　＿＿＿段＿＿＿巷＿＿＿弄＿＿＿號＿＿＿樓

　　　聯絡電話：＿＿＿＿＿＿＿＿＿＿＿＿

職業：□傳播 □資訊 □商 □工 □軍公教 □學生 □其他：＿＿＿

學歷：□碩士以上 □大學 □專科 □高中 □國中以下

購買地點：□書店 □網路書店 □便利商店 □量販店 □其他：＿＿＿

購買此書原因：＿＿ ＿＿ ＿＿ ＿＿ ＿＿ ＿＿（請按優先順序填寫）
1封面設計 2價格 3內容 4親友介紹 5廣告宣傳 6其他：＿＿＿＿

本書評價：＿＿ 封面設計 1非常滿意 2滿意 3普通 4應改進
　　　　　＿＿ 內　容 1非常滿意 2滿意 3普通 4應改進
　　　　　＿＿ 編　輯 1非常滿意 2滿意 3普通 4應改進
　　　　　＿＿ 校　對 1非常滿意 2滿意 3普通 4應改進
　　　　　＿＿ 定　價 1非常滿意 2滿意 3普通 4應改進

給我們的建議：＿＿＿＿＿＿＿＿＿＿＿＿＿＿＿＿＿＿＿＿
＿＿＿＿＿＿＿＿＿＿＿＿＿＿＿＿＿＿＿＿＿＿＿＿＿＿＿＿
＿＿＿＿＿＿＿＿＿＿＿＿＿＿＿＿＿＿＿＿＿＿＿＿＿＿＿＿

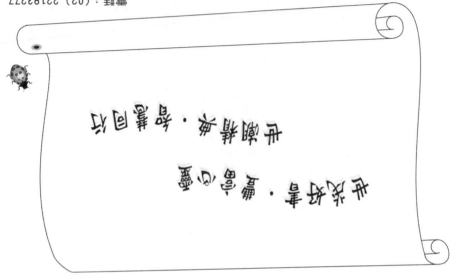

電話：(02) 22183277
傳真：(02) 22187539

廣告回函
北區郵政管理局登記證
北台字第9702號
免貼郵票

231新北市新店區民生路19號5樓

世茂
世潮 出版有限公司 收
智富